Romance Mediúnico

O Guerreiro Leproso

Direitos de publicação cedidos à Editora Mente Aberta
Rua José Falcão, 01, 1° andar, Fazenda Grande do Retiro.
Cep: 40350-290 – Salvador – Bahia
E-mail: editoramenteaberta@gmail.com

Diretor Editorial
Pedro Camilo de Figueirêdo Neto

Programação Visual de Capa
Vlad Lobão

Revisão
Marcelo Teixeira

Diagramação
Dora Incontri

CIP – Brasil. Catalogação na fonte
LIMA, Vólia Loureiro do Amaral -
O Guerreiro Leproso / Vólia Loureiro do Amaral Lima (médium), Galindo (espírito). Salvador, Ba: Editora Mente Aberta, Agosto, 2016.

136 p.
ISBN: 9788566960136

1. Lepra. 2. Drogas. 3. Espiritismo. 4. Romance mediúnico. I. título

CDD 341.5 CDU 343

Impresso no Brasil

Presita en Brasilo

O Guerreiro Leproso

Galindo

Vólia Loureiro

MENTE ABERTA

Sumário

Nota da Médium....7

Quem sou? 9

I - O Soldado do Cristo....11

II - A Sétima Cruzada....15

III - Meu Encontro com a Morfeia....21

IV - Voltando para Navarra....29

V - Aventuras do Retorno....43

VI - De Volta ao Lar....49

VII - Na Casa de Lázaro....57

VIII - Novas Conquistas....65

IX - Nasce o Amor....71

X - A Despedida....77

XI - A Libertação....81

XII - O Trabalho Continua....87

XIII - O Porão....97

XIV - A História de Agustin....103

XV - Novas Tarefas....111

XVI - As Novas Tarefas da Casa de Lázaro....119

XVII - A Vitória de Agustin....129

XVIII - O Trabalho Prossegue....131

Nota da Médium

Certa feita, em tarefa mediúnica semanal que realizamos no Centro Espírita Leopoldo Cirne, encontramos com o Espírito Galindo, que se nos apresentou com a indumentária de um guerreiro medieval. Veio a entidade, através da psicofonia, trazer um pedido de auxílio em favor dos viciados em crack, aqueles que são vistos na espiritualidade como os leprosos da modernidade. "Mensagem passada, missão cumprida", assim acreditei. Porém, naquela noite, após a reunião ter se encerrado, o amigo espiritual nos procurou, propondo-nos que contássemos a sua história.

- Que objetivo ele teria com isso? - indaguei com respeito.

E Galindo contou-me dos seus planos, do seu trabalho de auxílio aos espíritos viciados no mundo espiritual. Nesse sentido, deixou-me ver um pouco do quadro de sofrimento desses irmãos, e tal visão me impressionou sobremaneira. Coloquei-me de pronto à disposição para auxiliar.

Durante um período de um ano ou pouco mais, o amigo trouxe-me, através de imagens, como se fosse uma tela de cinema ou através de inspiração, essa história da sua vida e do seu trabalho na Espiritualidade, que eu, através da mediunidade, agora ajudo a contar e ponho a público.

O objetivo do trabalho é chamar atenção dos irmãos sobre o sofrimento dos espíritos que desencarnam viciados em drogas. É também um pedido de auxílio aos irmãos encarnados, para que observemos com mais caridade aqueles que, ainda na carne, sofrem a doença da drogadição. É ainda um convite ao trabalho de prevenção.

A história do Guerreiro Leproso é uma história de amor, de ódio, de redenção. É lição para todos nós e convite à vivência do amor em sua plenitude.

Agradecemos a Galindo pela honra de nos ter escolhido para a tarefa, apesar das nossas dificuldades e defeitos que, sem falsa humildade, aqui reconhecemos. Porém, como aquele que conta um conto é o primeiro a se instruir, vejo o convite como um acréscimo da Misericórdia Divina para conosco.

Que a sua história possa nos ensinar a amar e compreender a dimensão do amor de Deus para com as suas criaturas.

Vólia Loureiro

Quem Sou?

Chamem-me de Galindo. Esse não é o meu verdadeiro nome, mas não importa. Eu quero apenas lhes contar a minha história. Não me orgulho dela; há muito sofrimento e dor, muitos erros cometidos. É também uma história de redenção. Pelo menos é isso que venho tentando.

Faz muito tempo que luto para ser melhor, tentar refazer, com o meu trabalho árduo, penoso, um caminho de felicidade que esteve guardado para mim e que, por orgulho e por egoísmo, eu desprezei.

Há muitos séculos eu trabalho como Espírito, no resgate e auxílio daqueles que deixam a vida material vítimas da hanseníase. Antes, eu auxiliava os que chegavam a esse plano, onde me encontro, vitimados por essa moléstia. Hoje, porém, labuto em uma nova tarefa: auxilio os que desencarnam vitimados pelo vício do crack. São denominados os "leprosos da alma". Assim os denominamos porque as deformações no corpo espiritual, causadas pelo vício, comparam os viciados àqueles que têm o seu corpo físico deformado pela lepra. Essa é a minha tarefa; ainda preciso me dedicar a ela por alguns séculos para, só então, pensar em uma nova chance de reencarnação. É necessário o merecimento para obtê-la e estou trabalhando para isso. Falarei um pouco mais sobre o meu trabalho, mas antes quero contar a minha história e o que me fez chegar a essa situação em que me encontro. Contar-lhes-ei na sequência em que eu consegui ser esclarecido.

Meu objetivo não é apenas contar mais uma história de como é a vida no mundo espiritual, pois acho que a literatura atual já é farta desses exemplos. É, antes, um alerta e um pedido de auxílio, em nome dos meus irmãos hansenianos da alma, que aqui chegam em condições tão lamentáveis.

Sabemos que o consumo das drogas se tornou uma situação epidêmica no mundo inteiro e o crack é a mais devastadora de todas elas. Sua ação no perispírito é nefasta. Primeiramente, transforma os usuários em criaturas hebetadas, verdadeiros escravos do vício, logo no início do uso. Quando eles desencarnam, a situação é ainda pior: chegam loucos, as sensações e o desejo de consumo se exacerbam infinitamente no perispírito e as reações às substâncias inaladas causam deformidades terríveis, podendo mesmo levar à ovoidização.

É preciso que haja uma atitude de proteção, uma ação de esclarecimento sobre os perigos nefandos da droga. Esse é o meu objetivo ao solicitar o auxílio da nossa irmã para que me sirva de intermediária na narração da minha história.

Espero em Deus que tal esforço possa ter alguma serventia e que, dessa forma, eu, hanseniano que fui, possa evitar que muitos sofram as dores e dissabores dos que aqui chegam com os lepromas espirituais.

Que Jesus nos abençoe o esforço.

I - O Soldado do Cristo

Vivi nas terras espanholas, na região de Navarra, por volta do século 13. Era o ano de 1248; eu contava com a idade de 16 anos. Era ainda um rapaz imberbe, porém de físico avantajado, alto e forte. Meu pai era vassalo de um grande feudo e cuidávamos de uma pequena herdade. Produzíamos um bom azeite e também criávamos cabras leiteiras, fabricando um queijo de qualidade, que era muito apreciado pelos nobres. De tudo o que produzíamos, um terço era dado ao nosso suserano. Ele era um homem de poucas palavras, mas era justo e nos tratava com dignidade. Vivíamos bem, sob a proteção da Santa Madre Igreja, primeiramente, e do senhor das terras, que possuía o seu exército particular, o que nos livrava de problemas maiores com os mouros, os quais ainda costumavam aborrecer alguns senhores de terras.

Éramos uma família de cinco pessoas. O meu pai, de nome Alfredo, minha mãe, Joana, eu e meus dois irmãos mais novos: uma mocinha muito linda - Clara era o seu nome - e o caçula, o Juan Antônio. Vivíamos uma vida pacata, de trabalho e recolhimento, como era a vida de todos os homens naquele século distante.

Lembro que gostava de caminhar por entre as oliveiras, nas tardes em que ficava a pastorear as cabras, juntamente com meu cão, um mestiço de galgo, que eu ganhara do nosso suserano quando contava com a idade de 13 anos. Gostava de sentir o cheiro que provinha das folhas das oliveiras, de caminhar em sua sombra e deitar-me sob os seus galhos para tocar um pouco de flauta. Eu amava a música e amava aquelas terras. Tudo o que eu mais queria era trabalhar ali, casar com uma linda moça, ter muitos filhos e viver feliz e em paz.

Mas não foi assim que a vida quis. Os planos que eu havia feito para mim foram por água abaixo e, em poucos dias, o meu mundo virou de ponta-cabeça.

Amanhecera um dia de sol brilhante. Eu, logo cedo, havia preparado o meu bornal, colocando uma côdea de pão, uma pequena porção de linguiça e um vidro contendo uma porção de azeite. Aquele seria o meu almoço, pois passaria o dia inteiro no campo, na colheita das oliveiras que já se encontravam no ponto de serem colhidas e prensadas para a preparação do azeite.

A manhã transcorreu calma, eu me encontrava à beira do pequeno riacho que banhava a nossa herdade, quando vi, ao longe, a figura magra do meu irmão Juan Antônio. Ele vinha apressado em minha direção.

Ao chegar, com a respiração ofegante, contou-me que o nosso suserano me aguardava, junto com meu pai, em nossa casa. Havia algo de muito importante acontecendo e eu precisava seguir para casa, enquanto ele ficaria em meu lugar, cuidando das cabras.

Voltei o mais depressa que as minhas pernas puderam correr. "Seria mais um ataque dos mouros? Será que o Señor Jaime estava querendo me contratar para o seu exército?". Este último pensamento fez meu sangue ferver. Era sempre uma grande honra pertencer ao exército do suserano, além do fato de que éramos remunerados com um soldo polpudo e, melhor ainda, pensava, eu teria oportunidade de conhecer mulheres. Os instintos do sexo se faziam bastante exacerbados nos meus 16 anos. Fiquei animado com aquele pensamento e apressei o passo para chegar mais rápido.

De fato, as minhas expectativas se confirmaram. Eu fui convocado a seguir com o meu suserano, o Señor Jaime Olivídeo, e o seu exército a nos reunir aos exércitos do Rei Luís IX, da França, que partiria em uma Cruzada, a Sétima, com o objetivo de libertar a cidade de Jerusalém das mãos dos turcos Seldjúcidas. Aquela seria uma aventura que modificaria para sempre a minha vida.

Após pegar alguns pertences pessoais, parti com o meu suserano para o seu castelo, que ficava a uma dezena de quilômetros da herdade. Era um castelo muito bonito. Altas torres embelezavam aquela construção e pesadas paredes de pedra tornavam a edificação segura. Lembro-me de já haver estado uma única vez naquele lugar, quando era bem pequeno, na festa da colheita.

Transpondo os pesados muros, o castelo era ornado por lindos jardins e fontes. Havia também um relógio do sol construído em mármore branco, cujos números eram de ouro puro, que ficava no centro do jardim. Era algo encantador. Pesadas portas de madeira com puxadores de bronze davam passagem ao interior daquela construção imponente.

Ao se adentrar pelas portas imensas, encontravam-se grandes salões finamente ornamentados com mobiliário do mais fino acabamento. Candelabros de ouro puro iluminavam o ambiente, tapetes persas cobriam o chão de pedra. Nas paredes, grandes vitrais coloridos com desenhos de santos mostravam a religiosidade da época. Eu olhava encantado para tudo aquilo. Quão diferente era aquele castelo da minha pequena casa!

Fui, em seguida, encaminhado a uma ala, uma espécie de albergue, que ficava em um anexo onde se encontravam outros jovens, como eu, candidatos a soldados do Cristo. Ficaríamos naquele castelo por um período de um mês, em treinamento, antes de seguirmos para nos reunir aos outros soldados comandados pelo rei Luís IX. Então, seguiríamos para o Oriente para cumprirmos a nossa missão.

Os treinamentos tiveram início logo no dia seguinte. Recebemos uma veste, uma espécie de fardamento, uma espada e um escudo. Outros receberam lanças de pontas afiadas e havia ainda os que receberam o arco e a flecha.

As lições começavam logo cedo pela manhã, ao nascer do Sol. Treinávamos técnicas de combate, o manejo correto das armas, técnicas de defesa e tudo mais que fosse preciso para que pudéssemos derrotar o inimigo. Estávamos todos animados. Muitos contavam histórias sobre as Cruzadas que antecederam a esta. Tínhamos certeza da vitória.

Rapidamente fiz amizade com alguns dos rapazes, desenvolvemos uma boa camaradagem. Fazíamos muitos planos. Na minha cabeça de jovem romântico, a guerra era algo heroico, tínhamos a proteção do Cristo, lutávamos por algo nobre. Então, tudo daria certo. Eu voltaria coberto de glórias e com dinheiro. Quem sabe o Señor Jaime não me daria, como prêmio, a pequena herdade em que vivíamos? Eu casaria, teria muitos filhos e contaria para eles a minha grande aventura.

II - A Sétima Cruzada

Em julho de 1248, partiu de Pamplona, sob o comando de El Rey Teobaldo IV, Rei de Navarra, da Dinastia de Champagne, um exército de 2.500 homens, que haveria de se reunir aos soldados do Rei Luiz IX de França, em Aigues Mortes, de onde partiria para o Egito.

Era final de primavera, o verão já se insinuava com altas temperaturas e manhãs ensolaradas. Os campos floridos eram um refrigério para a tortuosa caminhada de 12 dias, até chegar ao destino planejado. Nem todos possuíam animais de monta; isso era privilégio das patentes mais altas, dos mais abastados. Nós, que fazíamos parte da grande mole, íamos a pé, em formação de quatro, carregando as pesadas armas e os nossos víveres.

O moral do grupo estava bastante elevado. Na véspera da nossa partida, foi-nos oferecido um banquete, uma grande festa em homenagem aos soldados do Cristo, que iriam lutar na Guerra Santa. Tivemos as nossas armas benzidas pelo sacerdote. Uma mesa farta nos esperava com pães, vinhos, carnes de vários tipos, doces cachos de uvas, azeitonas, doces... Eram tantas iguarias que eu, na minha simplicidade, não sabia por onde começar. Antes, comia tudo com os olhos. Acanhado, servia-me com parcimônia, com receio de ofender El Rey. Lindas canções eram tocadas pelos músicos que, munidos de alaúde, flauta, cítaras e outros instrumentos, executavam as canções com maestria. Eu estava deslumbrado com tudo aquilo: tanta riqueza, beleza, alegria. Parecia que já me encontrava no paraíso.

Como não havia mulheres na festa, nós dançávamos uns com os outros. Brincávamos quais crianças. Um dos soldados, um rapaz de nome Roberto, que era muito divertido, fazia malabarismos, imitando um bobo da corte. Foram horas agradáveis, as últimas que tivemos, antes de conhecer o terror da guerra.

Depois de 12 dias de caminhada, chegamos a Aigues Mortes. Era uma terça-feira do mês de agosto. Chegamos ao acampamento militar e reunimo-nos ao restante dos soldados franceses, germânicos e italianos que compunham um grupo de 35.000 homens. Este era o exército sagrado que deveria retomar a Terra Santa das mãos dos turcos Seldjúcidas.

Faço aqui um pequeno parágrafo para contar a respeito da origem dessa Guerra Santa. Em 1228, uma nova campanha para retomada da Terra Santa foi liderada pelo Rei Frederico II, que conseguiu um acordo de paz com os muçulmanos, de duração de uma década, que garantia à Igreja o domínio de Jerusalém. Tal acordo não foi visto com bons olhos pelo Papa Gregório IX, que excomungou Frederico II, rei germânico. Findo o prazo do acordo, os muçulmanos requereram a posse de Jerusalém e novos combates foram travados. Até que, em 1244, estes conseguiram a posse da Terra Santa novamente. Isto fez com que o Papa Inocêncio IV abrisse o Concílio de Lyon, no qual ficou decidido que haveria uma nova expedição, desta feita governada pelo Rei Luís IX, da França.

Em agosto de 1248, nós, soldados do Cristo, partimos de Aigues Mortes, na França, em uma grande frota com destino ao Egito. Fizemos uma viagem relativamente calma. O verão trazia ventos mornos que enfunavam as velas dos navios fazendo com que estes navegassem celeremente pelo Mediterrâneo. Gaivotas e Albatrozes acompanhavam as embarcações que singravam naquele mar imenso.

Olhando para o horizonte, por vezes ficava difícil divisar o céu do mar. Eu aproveitava, extasiado, aquela aventura, pois nunca havia tirado os pés do chão e agora sentia-me como se fosse parte daquele mar desde sempre. Muitos colegas sofriam de enjoos causados pelo balanço da embarcação. Eu, porém, nada sofri. Ocupava-me em auxiliar em algumas tarefas, amarrando as cordas das velas, recolhendo ou hasteando a bujarrona, quando precisávamos de mais vento, mais velocidade.

Em setembro de 1248, aportamos na Ilha de Chipre. Essa seria a nossa base para, de lá, alcançarmos o Egito. As provisões puderam ser renovadas. Passamos poucos dias naquela ilha. Meu corpo reclamava pelo balanço do mar e dei graças a Deus quando novamente zarpamos em direção ao Egito.

Em fins de setembro, partimos de Chipre em direção ao Egito. Desembarcamos em Damietta, uma pequena cidade egípcia. A guerra, então, me mostrou a sua face, e constatei horrorizado que nada tinha de heróica ou romântica, como fazia parte do meu ideário.

Após um desembarque tranqüilo, fomos surpreendidos pela resistência local. Um exército de muçulmanos, a cavalo, cercou o nosso acampamento. O nosso grupo não estava completo. Algumas naus ainda estavam a caminho, outras haviam aportado em Acre Damas, uma cidade próxima. O nosso efetivo contava com cerca de 5.000 homens. O grupo que nos cercou era menor em número, porém, tinha a vantagem de estar montado, enquanto nós estávamos a pé.

Fomos atacados ao amanhecer do terceiro dia. Vi-me, então, diante da morte, e a ela fui apresentado com toda a crueza possível. Não havia tempo para se horrorizar; lutávamos para preservar as nossas vidas. Vi-me como um bárbaro atacando furiosamente o inimigo, cortando gargantas, rasgando ventres, tudo era um misto de cheiro de sangue, fezes, vísceras, gritos de ódio e dor. As cenas pareciam visões borradas e fantasmagóricas do inferno. Entretanto, tínhamos que lutar, defender a nossa vida e a dos nossos companheiros. Não sei quantos matei naquele primeiro dia de batalha; não havia tempo para contar.

Ao final do dia, uma centena de corpos mutilados se estendia diante de nós, qual um macabro tapete. Tratamos de resgatar os nossos feridos e, para os muçulmanos, não havia piedade. Aqueles que se encontravam feridos eram decapitados, e os corpos amontoados em uma pilha para logo serem incinerados. Seguiram-se muitos dias de batalha. Cada vez mais, levas de muçulmanos apareciam, caíam sobre nós como abelhas furiosas. Aconteciam muitas baixas, nossos companheiros tombavam diante de nós e não havia tempo para socorrê-los porque também lutávamos para defender nossas vidas.

Nos momentos de trégua, os feridos eram resgatados e os nossos mortos, enterrados. Logo na primeira semana, perdemos Roberto e o nosso acampamento ficou desanimado. Ele era aquele companheiro que, com sua alegria, elevava o moral do grupo. Mas tínhamos de seguir adiante, conquistar palmo a palmo a região, não havia tempo de chorar os mortos.

À noite, nos períodos em que me era permitido o descanso, as cenas das batalhas passavam no meu pensamento como se eu estivesse revivendo tudo. Não conseguia dormir um sono tranqüilo; antes, desmaiava de exaustão para, logo depois, acordar sobressaltado com os pesadelos meus e dos companheiros que dormiam ao meu lado.

Estávamos sempre sujos e famintos, não havia tempo para pensar em higiene. Até as necessidades físicas tinham de ser realizadas com pressa e sem nenhuma privacidade. Parecíamos mais um bando de bárbaros selvagens do que soldados do Cristo.

Por fim, em janeiro de 1249, conseguimos o domínio da região de Damietta, a custo da vida de muitos dos nossos soldados e também de muitos muçulmanos. Conseguimos montar um acampamento, construindo uma fortificação. O Rei Luís IX comandou a construção. Alguns muçulmanos, que foram feitos prisioneiros, trabalhavam agora como escravos e carregavam pedras para a construção da nossa base militar.

O convívio com os habitantes daquela cidade não era dos mais pacíficos. Tínhamos que estar sempre vigilantes contra os ataques à traição. A ordem era de não andarmos sozinhos. Por outro lado, não havia respeito para com os conquistados. Alguns dos nossos soldados invadiam as casas da pequena cidade e tomavam os víveres e as coisas de valor dos moradores. Muitas vezes, mulheres e até mesmo meninas eram agredidas sexualmente pelos soldados que, dessa forma brutal, buscavam saciar os seus instintos. Eu não aprovava aquelas atitudes. Sempre procurei respeitar crianças e mulheres. Todavia, tudo era tolerado, não havia piedade, nem compaixão ou respeito. O que se via era a maldade e a liberação dos instintos mais baixos e perversos.

Permanecemos em Damietta por todo ano de 1249. Conquistando as terras vizinhas, íamos alargando o nosso domínio. O objetivo era chegar ao Cairo antes do ano de 1250, mas as dificuldades eram tremendas, muitas baixas aconteceram. O povo egípcio é muito corajoso e de muito brio, lutava até a morte, não se rendia. Havia notícias de que um grande ataque por parte do inimigo estava sendo preparado.

No ano de 1250, por fim, conseguimos chegar ao Cairo. Era o mês de julho, época das monções. As chuvas eram esperadas com ansiedade pelo povo, pois as enchentes do rio garantiam a fertilização do solo. Naquele ano, as chuvas foram volumosas e as águas subiram mais de oito metros do nível normal. Tal fato surpreendeu o nosso exército, que se viu ilhado em uma praia. Os mulçumanos se aproveitaram da situação para roubar as nossas provisões.

Começaram a surgir as dificuldades. A fome e as doenças se instalaram. A enchente trouxe consigo os insetos e, com estes, apareceram os surtos de malária e tifo. A fome também trouxe o escorbuto, uma doença causada pela falta da vitamina C no organismo.

Havia também a lepra, a morfeia, que apavorava as pessoas. Casos começaram a surgir. Os infectados eram afastados do grupo e levados para os leprosários. Alguns eram abandonados à própria sorte no deserto. Agora, o inimigo não era apenas o muçulmano infiel, mas também a morfeia. A doença silenciosa que, com suas garras, destruía sem chances de defesa aquele a quem ela conseguisse alcançar.

III - Meu Encontro com a Morfeia

Tudo começou com um mal-estar: febre, dores nos membros inferiores e alguns gânglios. Em meio a todo drama da guerra, não havia espaço para pensar na doença, tínhamos de vencer a dor, o cansaço, a febre e continuar a nossa luta diária.

Com a vinda das monções e a cheia do Nilo, as coisas ficaram muito difíceis, os víveres foram roubados, o pouco que sobrou tinha de ser dividido e não era suficiente para ninguém. A fome trouxe, consigo, a doença, e muitos caíram doentes. Mas a luta continuava, os planos de tomar a cidade do Cairo foram adiados, voltamos a Damietta; todavia, sem alimentos, as coisas ficavam a cada dia mais difíceis.

Certo dia, percebi que manchas marrons haviam aparecido nos dedos dos meus pés. Notei que o local da mancha era indolor; mesmo se eu perfurasse a pele naquele local, não tinha nenhuma sensação. Também o calor não era sentido. Em menos de um mês, as manchas haviam se espalhado, cobriam os dois pés, quase completamente. Além disso, sensações de formigamento e de pequenos choques eram sentidos. Procurei o meu superior, mostrei-lhe as manchas e ele achou que não deveria ser nada importante. Um velho egípcio, porém, que nos fornecia água potável, ao ver as lesões, decretou a minha sentença: eu havia contraído a lepra. Teria de ser afastado do exército A minha sentença de morte estava assinada.

Fui afastado do grupo. Deram-me alguns alimentos e fui mandado para o deserto. Lá seria meu fim, contavam que eu não suportaria as agruras do Sinai e ainda poderia ser morto pelos grupos de beduínos que dominavam aquela região.

Tomar conhecimento de que adquirira a morfeia, de que a vida, para mim, havia acabado, foi uma dor tão grande que me deixou numa espécie de hebetamento. Parecia que eu era apenas mero espectador da situação. Eu não conseguia pensar no que estava acontecendo, minha mente recusava-se a aceitar a situação. Apenas quando me vi sozinho, no deserto, foi que despertei, aterrado, para a minha nova realidade.

Para mim não haveria retorno ao lar, não haveria mais a família, não mais casaria com a jovem dos meus sonhos, nem poderia mais cuidar dos carneiros e das oliveiras. Nunca mais eu veria minha família. Restava-me apenas esperar pela morte. A juventude, a vontade de viver, porém, não permitia que eu me entregasse à morte.

Eu resolvi voltar a Navarra, não haveria de morrer naquela terra estranha. Resolvi que voltaria à Espanha, encontraria uma maneira de embarcar em algum navio ou me integraria a alguma caravana e, seguindo as rotas comerciais, voltaria para casa. Na minha inocência juvenil, imaginava que, ao chegar em casa, eu ficaria curado. Para tanto, precisaria voltar ao Cairo. Resolvi me disfarçar de muçulmano e tentar me integrar a alguma caravana que saísse do Egito.

Andando pelo deserto, encontrei o cadáver de um muçulmano. Acho que era algum beduíno que caíra doente. Notei que suas roupas estavam intactas, então o desnudei e vesti suas roupas.

Anoitecia quando cheguei ao grande portão de entrada do Cairo. Encantei-me com as duas altas torres que ladeavam o pesado portão. Adentrei a cidade em preces, rogando a Deus que me confundissem com um muçulmano qualquer. Se eu fosse reconhecido como europeu, seria preso e morto em poucas horas. O clima de ódio entre o povo egípcio e os estrangeiros era dos piores.

O calor era insuportável, apesar de o Sol já ter se posto. A minha garganta implorava por um pouco d'água, meus pés estavam inchados pela longa caminhada e também por conta da doença. Eu precisava me refazer, beber água, descansar um pouco e me alimentar. Havia dois dias que caminhava, e o pouco alimento que haviam me dado já acabara.

O Cairo era uma cidade cosmopolita. Naquela época, era a mais importante cidade do oriente, um grande cento comercial e religioso. Havia inúmeras mesquitas, palácios e minaretes. Apesar do cansaço e da fome, eu estava maravilhado com tudo o que via. Era tudo de uma imponência que chegava a assustar.

Acostumado com a vida pacata que levava na pequena herdade, aquele era um mundo novo e assustador. Enquanto estava na guerra, não havia tempo de perceber tais coisas porque o tempo inteiro estava preocupado em sobreviver. Mas agora eu podia observar com calma aquela cidade cercada de altos muros construídos pelo Sultão Saladino com o objetivo de defendê-la dos Cruzados.

Encontrava-me em Bayin al-Qasryn, a principal praça do Cairo. Àquela hora, a cidade ainda se encontrava em grande movimento. As pessoas iam e vinham na praça, comerciantes de seda, de ouro e tapetes persas ainda fechavam negócios através de intensas discussões. Eu me encaminhei para uma fonte que jorrava água fresca e cristalina. Dessedentei-me e me refresquei molhando o corpo, deixando que a água escorresse pelo pescoço e peito. Com as mãos em concha, também molhei os meus pés, aliviando a ardência em que eles se encontravam. Deixei-me ficar ali parado, sem saber ainda o que fazer para conseguir algo para comer. Eu não tinha dinheiro algum, nada de valor para trocar por comida.

Estava distraído observando o movimento. O cansaço amodorrava-me o corpo. Sentado ali, junto à fonte, não encontrava forças para me levantar. Fui-me deixando ficar até que adormeci. Tive um sonho estranho, no qual me via em um grande anfiteatro iluminado por imensas tochas. Eu me vi em trajes estranhos, envolto em uma túnica de tecido fino e uma capa vermelha. Caminhava por entre as tochas, acompanhado de um séquito de soldados. Dava-lhes ordens e falava sobre lutas e guerras.

De repente, ao olhar para o fogo, vi que as tochas eram formadas por corpos de crianças, que ardiam em chamas. Acordei assustado, com alguém tocando o meu ombro. Era um velho egípcio, um homem magro, de tez escura, olhos muito expressivos. Ele falava comigo, mas eu não compreendia o que dizia, não conhecia o árabe egípcio. Vencemos a dificuldade falando por gestos e ele entendeu a minha dificuldade. Levou-me para a sua casa, uma pequena construção ali perto, com grossas paredes de pedra, um lugar pobre, mas limpo. Vi que ele morava sozinho. Ele me indicou um lugar onde eu deveria dormir: um tapete de pele de camelo. Deu-me uma caneca com leite de cabra e uma côdea de pão. Meu estômago roncou, agradecido. Consegui descobrir que se chamava Ahmed e era condutor de camelos. Depois de sentir-me saciado, adormeci com um sono pesado, resultado do cansaço. Dormi uma noite sem sonhos.

Acordei cedo no dia seguinte e já fazia menção de ir embora quando meu anfitrião chegou e apontou para a tosca mesa, indicando que já havia uma refeição pronta. Pensei em recusar e sair, não queria abusar da hospitalidade do novo amigo, mas a fome e o receio de ofender Ahmed com a minha negativa fez-me aceitar a refeição. Comi um grande prato de mingau de aveia, havendo, ainda, pão fresco, leite e manteiga.

Após a refeição, fiz menção de me retirar, mas Ahmed, falando o seu idioma complicado, convidou-me a ficar. Não sei como nos entendíamos, mas de alguma forma eu conseguia compreender o que ele dizia e o que queria de mim. Então, fiquei. E o dia se transformou em semanas. Depois, em meses.

Após algumas semanas, com alguma dificuldade, comecei a compreender o árabe egípcio e conseguia me comunicar com Ahmed. Pude contar a minha história e ele me contou a sua. Era viúvo, não tinha filhos, pois Alá não abençoara a sua união dando-lhe uma descendência. Vivia ali no Cairo e, como era condutor de camelos, frequentemente viajava para entregar mercadorias, conduzindo a cáfila pelo deserto. Era um homem de paz, temente a Alá e seguia à risca as leis do Corão. Ensinou-me algumas leis da sua religião. Entre elas, a de acolher o estrangeiro. Esse fora o motivo pelo qual ele havia me socorrido: praticar o mandamento do Al Corão. Agora éramos amigos e eu não era mais um estrangeiro para ele, pois havia nascido um sentimento entre nós e eu me tornara a sua família.

Como eu não compreendia ainda a gravidade da minha doença, nem pensei que poderia lhe transmitir a lepra. Mas, por alguma intuição, eu mantinha os meus pés enfaixados e me reservava certa distância do meu amigo. Certa feita, ele me surpreendeu com os pés desenfaixados e viu que em um dos meus pés tinha uma grande chaga. Ele entendeu que eu era portador da morfeia, mas nem assim me abandonou. Trouxe-me uma pomada de ervas para aliviar as dores e procurava me poupar de grandes caminhadas. Nessa época, eu procurava ajudá-lo na lida com os camelos. Queria retribuir com trabalho a acolhida e a amizade. Não gostava de me sentir um fardo nas suas costas.

As minhas andanças acompanhando Ahmed em seu trabalho me levaram a conhecer o Egito tal qual eu fosse um nativo. Eu me encantei com a cidade do Cairo, com as suas suntuosas mesquitas e seus altos minaretes. A Cidadela do Cairo, construída pelo sultão Saladino em 1183, era um exemplo da imponência do império desse notável homem. Eu gostava de apreciar os prédios das mesquitas com as suas torres abobadadas, as belas pinturas e arabescos. O tom terracota da cidade lhe dava um ar mágico.

Aventurando-me um pouco além dos muros da cidade, conheci as antigas pirâmides de Gizé, a pirâmide escalonada, a intrigante esfinge que tem o corpo de leão e o rosto do faraó Quéfren. Aqueles monumentos me faziam sentir um respeito por aquele povo a ponto de me recriminar ter levantado a espada contra ele.

Certa feita, conversando com Ahmed a respeito dos cristãos, ele fez uma observação que me deixou pensativo. Disse o amigo: "Se vocês amam ao Cristo, que pregou o amor ao próximo como lei de mesma importância que a de amar a Deus, como vocês matam em nome daquele que pregou o amor e o perdão?". Eu fiquei sem resposta. Foi por conta dessa pergunta que comecei a questionar a minha fé, passei a duvidar da autoridade da Igreja como sendo a representante do Cristo. Uma espécie de revolta passou a habitar o meu coração. Eu me perguntava: por que Deus havia permitido a guerra? Por que havia me tirado da minha vida pacata, levando-me para terras tão distantes e me feito adoecer de mal tão terrível?

Ahmed era um homem de uma lucidez notável, apesar de ser um simples condutor de camelos. As nossas conversas eram ricas de reflexões, ele me fazia pensar por mim mesmo e não segundo a orientação da Igreja. Era um homem que não se balizava pelos medos e dogmas que esta havia imposto ao mundo cristão. Vendo-me sucumbir à revolta, o meu amigo tentava me ajudar a enxergar a situação sob um diferente ponto de vista. Mostrando-me que Deus não era responsável pelo meu sofrimento, mas sim eu mesmo que, possuindo livre-arbítrio, afastei-me das Leis Divinas. Ele, apesar de ser muçulmano, acreditava na doutrina da transmigração das almas e me dizia que as nossas dores eram o resultado da nossa má conduta, nesta existência ou em outras passadas. Eu não conseguia perceber o alcance daquela informação e me perguntava como seria possível nascer tantas vezes e porque não nos lembrávamos dessas vidas passadas.

Ahmed também me falou muito sobre Jesus, em uma visão diversa da religião cristã, que via este como sendo o filho de Deus vivo ou a própria Divindade, mas referia-se a Ele como um grande profeta. Falou-me dos ensinamentos de Jesus, como nenhum cristão me falara antes. Mostrou-me a figura de um Jesus misericordioso, benigno e alegre; contou-me algumas histórias sobre as parábolas de Jesus, a história do bom samaritano, demonstrando a obrigação que todos temos de acolher o estrangeiro e tratá-lo como irmão. Passei a conhecer um Jesus diferente daquele que se encontra pregado à cruz, nas igrejas; um homem que viveu entre o povo como um indivíduo comum, amoroso e alegre. Assim, aprendi a amá-lo.

A doença, por essa época, parecia estacionada, não havia melhoras, mas também não piorara. As lesões estavam controladas com o uso da pomada fornecida por Ahmed e eu tinha a ilusão de que me curaria. Quando se é jovem, a confiança em si é iluminada pela vontade de viver. Eu aproveitava aqueles momentos para aprender sobre aquele povo, aprender sobre a sua história tão rica, apreciar as belezas nas mesquitas do Islã quando acompanhava o meu amigo em suas orações.

Descobri, em minhas caminhadas, que havia uma comunidade cristã no Cairo. Eram conhecidos como cristãos coptas. Pensei em me aproximar, mas fui advertido por Ahmed de que, se eles descobrissem a minha doença, eu seria mandado para um leprosário e lá morreria. Nunca antes havia ouvido falar de um leprosário. Ahmed me informou que era o lugar para onde se mandavam os leprosos e que de lá, ninguém voltava. As condições de vida eram péssimas. Mal sabia eu que, em futuro muito próximo, estaria vivendo em um lugar daqueles...

Apesar de toda hospitalidade e da amizade do meu amigo Ahmed, eu sentia vontade de retornar para casa. Fazia um ano e dois meses que havia chegado ao Cairo e já sentia falta da querida família, dos meus passeios sob as oliveiras, do clima ameno de Navarra. Externei essa saudade ao meu amigo e lhe falei do meu desejo de retornar à terra natal. Ahmed coçou a barbicha que lhe cobria o queixo e prometeu encontrar um meio de me ajudar a voltar. Porém, rogou-me calma; era necessário esperar o fim das monções, pois eu teria de retornar por terra, era mais seguro. Ele iria procurar alguma caravana que pudesse me levar de volta ao meu lar.

Alguns dias mais tarde, Ahmed me trouxe a notícia de que eu acompanharia uma caravana que iria até a Espanha levando especiarias. Seria uma longa viagem, mas, com sorte, eu alcançaria o destino em poucos meses. A caravana partiria em dez dias.

A ideia de voltar para casa me animou a alma. Antevia os momentos de prazer que passaria junto aos meus. Por fim, a paz retornaria para a minha vida. Acariciava tais pensamentos em meu jovem coração.

IV - Voltando para Navarra

Em Jerusalém

Chegara, finalmente, o dia da partida. A grande viagem de volta para casa. A caravana partiria de Alexandria tendo como primeiro ponto de parada a cidade de Jerusalém. A rota seguiria os caminhos que o apóstolo Paulo de Tarso trilhara na tarefa de expansão da doutrina do Cristo. Éramos um grupo de 22 homens guiando 40 camelos carregados com sedas e especiarias, tais como incenso, mirra, canela, noz moscada e algumas essências do Oriente.

Uma escolta armada era necessária; havia muitos assaltos nas trilhas. Bandos armados costumavam assaltar as caravanas e matar os seus integrantes. Por ter experiência em batalhas, eu logo fui galgado ao posto de chefe de turma, ficando responsável pela defesa da caravana.

Partimos em uma escaldante manhã de junho. O céu de um azul intenso nos animava a percorrer aquelas estradas que cortavam a paisagem desértica. Acompanhamos a costa do Mediterrâneo, cortando a Foz do Nilo e atravessando o canal do Mar Vermelho (Canal de Suez).

O calor do verão não nos permitia seguir mais rápido. Muitas vezes precisávamos parar nos oásis para nos dessedentar e refrescar nas limpas águas, bem como dar de beber aos animais. Os oásis do deserto são como joias perdidas em meio às pedras. Constituem sempre agradável surpresa aos viajantes. Deliciosas tâmaras, figos e damascos nos foram oferecidos pelos gentis habitantes do Oásis Fayoum.

Durante as noites geladas no deserto, eu, envolvido em uma manta de pele de camelo, quedava-me a olhar o céu infinito. Ficava extasiado a observar o manto de estrelas que, do infinito, cintilavam. Nesses momentos, sentia um fervor, uma espécie de arrebatamento por tanta grandeza e, ao mesmo tempo, sentia um medo terrível, uma sensação de pequenez diante de daquele pálio cintilante. Questionava-me: por que Deus teria criado todos aqueles luzeiros e os colocado nos céus? Qual o objetivo da nossa vida? Adormecia com esses pensamentos.

Chegamos a Jerusalém depois de 10 dias de viagem. Uma atmosfera diferente cercava a cidade, um clima pesado de guerra e destruição. A cidade que era, nesta época, governada pelos mamelucos, jazia sob intenso regime militar. Há bem pouco tempo, no ano de 1244, havia sido saqueada pelos bárbaros Tártaros Kharezmian, os quais haviam arrasado a população cristã. Sob o governo mameluco desde 1250, a cidade era conduzida com mão de ferro pelo sultão mameluco All-Muizz Izz ad-Din-Aybak, que também governava o Egito e cobrava altos impostos aos judeus para poderem permanecer em Jerusalém. Este mesmo sultão mandou destruir os templos cristãos da cidade. Como eu falava o árabe-egípcio com facilidade, fui confundido com um mameluco, pois estes tinham descendência caucásica e muitos eram filhos de cristãos, que haviam sido feitos escravos pelos muçulmanos e que, depois de se converterem ao Islamismo, tinham se tornado soldados, devendo prestar juramento e fidelidade aos califas otomanos. Esse povo foi ganhando prestígio e poder até dominar o Egito e Jerusalém.

Entramos pelo portão Sul da cidade e fomos direto para o mercado, onde alguns comerciantes esperavam por nossas mercadorias. Apesar de toda destruição, o comércio persistia. Tecidos, alimentos, aves, joias eram vendidos. Após um dia inteiro no mercado, resolvemos pernoitar fora dos muros da cidade e nos dirigimos à encosta de um morro ao norte, próximo à Porta de Damasco.

As tendas foram montadas, os animais, alimentados Era o momento da oração dos muçulmanos. Eu acompanhava com respeito aquela demonstração de fé, todos ajoelhados de rostos voltados para o chão e os corpos em direção à Meca, oravam a Alá, agradecendo por mais um dia que se findava.

Após a prece, os homens se reuniram em grupos para conversarem e planejarem as ações do dia seguinte. Eu me sentei sob uma velha figueira e fiquei a olhar para a cidade ao longe, pensando em quantas guerras aquele povo já não havia presenciado. Senti uma angústia imensa e uma tristeza dolorosa. Comecei a pensar no martírio de Jesus, que havia caminhado, tantas vezes, por aquelas paisagens. Estava a pensar nessas coisas quando Ahmed se aproximou e contou-me que aquele pequeno morro em cujo sopé nós estávamos acampados era conhecido como Gólgota ou Monte da Caveira. Ali, Jesus havia sido crucificado. Aquela informação tocou-me o espírito, pensei em meu pai, que nos contava a história do martírio de Jesus com lágrimas nos olhos. Contava-nos que Maria recebera o corpo do filho em chagas. Olhando para os meus pés doentes, percebi que tinham manchas bem no lugar onde haviam sido colocados os cravos nos pés do Cristo, os quais o prenderam à cruz. Uma emoção intensa tomou conta da minha alma e me fez aceitar aquela doença, compreendendo que, se Jesus tivera o corpo lacerado pela sanha dos homens, eu não poderia me revoltar pelas lacerações causadas pela lepra. Havia de ter um motivo justo para aquela provação pela qual eu passava. Naquele momento, voltei o meu pensamento ao Cristo e roguei-lhe que me desse força para suportar aquela enfermidade sem qualquer queixa e me permitisse fazer algo de bom para remissão dos meus pecados.

A noite fria sem nuvens nos presenteava com uma linda lua plena, prateando os campos daquela região; eu sentia que a paz e a energia daquelas terras também luarizavam a minha alma, preparando-me para as provas e missões vindouras.

Após mais dois dias em Jerusalém, a caravana partiu em direção à cidade de Damasco. Eu era, agora, um homem diferente; os dias passados naquela cidade transformaram-me interiormente, a luz da fé acendera-se em meu espírito. Não a fé pregada pela Igreja Romana, dessa eu já havia me desiludido; definitivamente, Deus não se encontrava ali. As longas conversas com o amigo Ahmed tiraram-me da cegueira espiritual em que eu vivia. Aquela fé católica não esclarecia, nem consolava, apenas trazia medo e dominava os seus fiéis pelo terror. E certamente não tinha sido para isso que Jesus morrera por nós. Mas, em minha alma, havia nascido uma força diferente, que me fazia aceitar a situação e me tornava alegre, agradecido. Talvez tenha sido a isso que Jesus se referia quando dizia que o Reino dos Céus estava dentro de nós.

Com mais 12 dias de caminhada, avistamos a cidade de Damasco. Ela seria a nossa próxima parada.

Em Damasco

Já anoitecia quando chegamos aos portões da cidade de Damasco. Novamente acamparíamos do lado de fora da cidade. Os portões já haviam sido fechados. Pesados portões de bronze davam acesso ao interior na cidade, cercada por muros altos e intransponíveis.

Montamos as nossas tendas em região arborizada próxima aos portões da cidade. Após a prece, designei alguns homens para fazerem a vigília de proteção às mercadorias e fui ter com Ahmed. O meu amigo egípcio, embora muçulmano, conhecia bem a história do Cristianismo e sempre que tínhamos oportunidade, conversávamos. Ele contava histórias sobre Jesus que havia aprendido durante a sua vida. Naquela noite, conversamos sobre Paulo de Tarso, conhecido como o apóstolo dos gentios. Tinha sido Paulo o responsável pela difusão do Cristianismo por toda Ásia até a Europa. Estávamos no portão de Damasco, onde ele tivera o seu encontro com o Cristo. Ele que seguira para Damasco com o objetivo de prender e matar o velho Ananias, um dos seguidores de Jesus, ao chegar àqueles portões vira-se ofuscado por poderosa luz que o cegara e fizera cair do cavalo. Nesse instante, ouviu uma voz que lhe falou: "Saulo, Saulo, por que me persegues?". E, diante dos seus olhos, ele, apesar de cego, viu a figura de Jesus diante de si. Compreendendo então que Jesus era o Messias prometido, Saulo lhe perguntou: "Mestre, o que queres que eu faça?". E Jesus mandou-o entrar em Damasco e procurar Ananias, que o livraria da cegueira e o poria a par da sua missão.

Emocionava-me estar naquele lugar, onde acontecera tal fato, e o amigo Ahmed, que era um bom contador de histórias, colocava tal dramaticidade no relato que era como se eu estivesse presenciando a cena. À medida que visitava aqueles lugares históricos e sagrados para os cristãos, a fé em Jesus ia se fortalecendo em meu espírito; não havia mais desespero. Secretamente, rogava ao Cristo que, se possível fosse, pudesse ser curado; mas se fosse outro o plano divino para mim, que Ele me desse forças para suportá-lo.

Damasco era um grande centro econômico produtor de belos tecidos de seda e de vidros coloridos. É também de origem Síria o sabre, uma pequena espada resistente e afiada que era objeto de cobiça dos nobres e ricos daquela época.

Em fins de agosto de 1252, chegamos à Calcedônia, tendo passado por Antioquia, Tarso, Icônio, Perge, Laodicéia, Éfeso, Sardes, Nicéia e a Nicomédia. Atravessando o Bósforo da Trácia, chegamos, por fim, a Constantinopla, capital do Império Romano no Oriente. Curiosamente eu refazia o caminho do Apóstolo dos Gentios quando da expansão do Cristianismo. Pisava, enfim, em solo europeu. Os últimos dias de viagem me haviam sido mais penosos; Percebera que a doença começava a dar alguns sinais de que havia despertado novamente. Comecei a pensar que talvez os meus planos de voltar ao lar paterno não pudessem se realizar.

Ao chegar à cidade de Constantinopla, despedi-me do amigo Ahmed. Foi uma despedida emocionada, eu deixava um amigo, irmão, pai. Sabíamos que não mais nos veríamos, pelo menos nessa existência. Ele havia presenciado a minha transformação. Encontrara um menino assustado, faminto e doente e agora via partir um homem sofrido pela guerra, pela lepra, mas alguém que crescera interiormente, que via a vida de maneira diversa. Aqueles quatro anos fora de casa haviam me transformado totalmente. O antigo Galindo morrera na VII Cruzada. Este, que agora aportava em Constantinopla, era outro homem.

Aventuras em Constantinopla

A cidade de Constantinopla me assustou! Um verdadeiro formigueiro humano. Era o principal centro mercantil, financeiro e cultural do mundo. Entre o Ocidente e o Oriente, todas as rotas comerciais passavam por Constantinopla. Era também importante centro religioso para os cristãos da Igreja Romana e da Igreja Grega.

Pessoas de todas as partes do mundo transitavam pelas ruas de pedra daquela cidade ímpar: árabes, gregos, romanos, sérvios, búlgaros, venezianos, godos, varegos, genoveses, russos, tártaros, caucasianos... Parecia que eu estava em plena Babel.

A cidade de Constantino, que era chamada de a Maçã de Prata, localizava-se em ponto estratégico entre o Corno de Ouro (estuário) e o Mar de Mármara, local em que se forma uma península, possuindo um profundo porto natural. Cercada por muralhas, construídas pelos romanos para proteger a cidade dos ataques navais, na entrada do Corno de Ouro havia uma barreira flutuante que se estendia até o lado norte, na Torre de Gálata (também conhecida como Torre de Cristo), para evitar a entrada de navios indesejados no porto.

Além do comércio de sedas, especiarias, ouro, prata, escravos e tudo o que pudesse ser vendido, Constantinopla era famosa pelo comércio das relíquias religiosas. Um verdadeiro chamariz para o peregrino cristão que vinha atrás de relíquias como: as lascas de Madeira da Cruz, o Sangue Sagrado, a Coroa de Espinhos, os Cabelos de João Batista, a Túnica Inconsútil, os cravos que prenderam Jesus à cruz, cadáveres de diversos santos, tais como São Lucas, Santo André, Maria Madalena, pedaços dos pães que sobraram da Santa Ceia. A imaginação humana para o sobrenatural é bastante aguçada. Estas se encontravam espalhadas pelas igrejas, catedrais, palácios da cidade.

Entre as diversas igrejas e catedrais, a que mais me fascinava era a Catedral Hágia Sofia, a igreja da Sabedoria. Esse belo prédio, construído entre os anos de 532 e 537, fazia parte do Império Bizantino e era templo da Igreja Ortodoxa; porém, por aquela época, ela fora convertida para uma catedral católica romana durante o Patriarcado Latino de Constantinopla. A igreja foi dedicada ao Logos (verbo), representação da segunda pessoa da Santíssima Trindade. Embora ela seja chamada de Santa Sofia (dando uma falsa impressão de homenagear a santa homônima), Sophia é a transliteração fonética em latim da palavra grega para sabedoria. O nome completo em grego da igreja é Igreja da Santa Sabedoria de Deus.

Famosa por sua enorme cúpula, ela é considerada o monumento mais brilhante da arquitetura bizantina, tendo mudado a história da arquitetura. Foi considerada a maior catedral do mundo por quase mil anos, até que a Catedral de Sevilha foi construída em 1520. Foi projetada pelos cientistas gregos Isidoro de Mileno (médico) e Artêmio de Trales (matemático). A Catedral, por aquela época, também era famosa por conter inúmeras relíquias sagradas.

A movimentação de pessoas, a diversidade de povos que ali conviviam era algo espetacular, eu jamais imaginara encontrar um lugar como aquele; se havia me fascinado com o Cairo, aquela cidade imensa, nascida entre sete colinas, com tantas muralhas, portões, palácios, portos e tanta riqueza era, para mim, ao mesmo tempo fascinante e aterradora. Senti falta do meu amigo Ahmed; a sua presença me trazia segurança.

Tratei de conseguir uma estalagem onde pudesse descansar. Meus pés estavam inchados e sangravam. Segui para a parte norte da cidade, consegui um pequeno lugar perto da Cisterna de Aspar, na Quinta Colina. Era um local limpo, humilde, que aceitava estrangeiros. O dono da estalagem era um russo baixo e atarracado, de cabeça muito grande. Seu nome era Dimitri, era casado com uma mulher de origem asiática; talvez ele a houvesse comprado de alguma tribo bárbara. Era muito pequena, de pele amarelada e olhos negros e rasgados, característicos de sua raça. Ela cuidava da limpeza do lugar, mantendo a pequena casa sempre bem asseada, e o marido, de olhos de um azul frio, cuidava de manter a ordem, não permitindo que nenhum dos hóspedes entrasse acompanhado de mulher ou embriagado. Apesar da pequena estatura, Dimitri era conhecido pela sua valentia e frieza; era capaz de matar um homem em poucos minutos com uma técnica de luta em que, rapidamente, dominava o opositor e destroncava-lhe o pescoço.

Destinaram-me um pequeno aposento, nos fundos da casa. Tínhamos direito às refeições e também podíamos usar a casa de banhos, tendo a obrigação de deixá-la limpa após o uso. Com o dinheiro que eu havia arrecadado no trabalho com a caravana, poderia passar algumas semanas naquela estalagem, até encontrar uma nova caravana para voltar à Espanha. Andar sozinho por aquela época era extremamente perigoso.

Após me acomodar no pequeno quarto, um cansaço imenso me fez cair em sono pesado. Sonhos estranhos de um local iluminado por imensas tochas humanas voltaram a me apavorar. Que pesadelos seriam aqueles? Eu me via vestido de púrpura, caminhando por alas formadas por diversos soldados onde, em posição de comando, determinava a sentença de morte para pessoas sujas e maltrapilhas que se encontravam amarradas. Tais sonhos sempre me faziam acordar molhado de suor, com o coração aos pulos.

Quando acordei, já caía a noite e alguém batia à porta do meu quarto. Era o russo Dimitri que me convidava para a ceia. Segui-o em silêncio. Chegamos a uma sala onde havia uma grande mesa. Lá se encontravam sentados três homens, também hóspedes, um deles tinha o tipo europeu, era um alsaciano falante que gostava de contar histórias de sua terra natal; reconheci de imediato o francês com sotaque alsaciano. Seu nome era Pierre, um tipo magro, narigudo e muito alto. Notei que ele lançava olhares lúbricos para uma moça, de nome Ulyana Dimitrievna, que servia a mesa. Posteriormente descobri que era filha de Dimitri e sua esposa mongol.

Ulyana era uma mulher atraente, de olhos rasgados como a mãe, mas de pele clara e cabelos avermelhados. Era pequena, mas forte. Mostrava ter herdado a ossatura do pai eslavo. Possuía quadris largos e era bela fisicamente, o que atraía a atenção dos homens. Percebi que ela e o francês trocavam olhares significativos. Preferi, porém, manter meu interesse em outras coisas. Não queria me meter em confusão naquele momento. Não vou negar que aquela situação me acendeu um desejo que andava amortecido ultimamente. Afinal, eu era apenas um jovem de 20 anos. O corpo me cobrava certos desejos E eu ainda não havia estado com nenhuma mulher.

Depois de uma frugal refeição, recolhi-me ao meu pequeno aposento. Precisava descansar bastante e trocar as ataduras que cobriam meus pés. Naqueles últimos dias, a doença voltara a dar sinais, por vezes as feridas sangravam. Lembrando-me da bela Ulyana, constatei, com certa tristeza, que a mim não seria dado o direito de amar, de constituir família. A solidão seria a minha companheira pelo resto dos meus dias, e esses seriam amargosos. Eu estava apodrecendo em vida. Logo teria que me recolher a um leprosário, mas não sem antes me despedir da minha família Precisava, pela última vez, abraçá-los, ver os lindos olhos da minha mãe, ouvir a risada sonora da minha irmãzinha Clara, receber a bênção do meu pai, despedir-me do meu mano. Chorando, rogava a Jesus que me fossem possíveis esses momentos. Adormeci em meio às lágrimas, um sono profundo me dominou e o sentimento de tristeza foi aliviado momentaneamente.

Acordei bem disposto no dia seguinte. O Sol ainda não se levantara quando eu pulei do catre em que dormira. Lavei o rosto com a água gelada da bacia de cobre que era destinada à higiene pessoal do hóspede, cobri as chagas dos pés com a pomada que me fora dada por Ahmed, envolvendo-os depois em limpas bandagens de linho, calcei os sapatos de couro de camelo e saí do quarto. Quando saía, observei que o francês Pierre, à porta de determinado aposento, despedia-se de alguém; estava seminu. Quando me viu, tomou um susto e fez sinal de que me mantivesse calado. A curiosidade me levou a olhar para o interior daquele quarto que se encontrava com a porta semiaberta e, sem surpresas, vi a silhueta da jovem Ulyana que soprava um beijo para o francês aventureiro. Ela, despida sem pudor, sorria para o amante e também sorriu para mim. Vexado com a situação, desviei o olhar e busquei cruzar aquele corredor o mais rápido que pude.

Ganhei a rua ainda com a imagem dos dois amantes a me perturbar a memória. Fiquei imaginando o que aconteceria se o estalajadeiro Dimitri flagrasse aqueles dois. Um estranho sentimento de culpa e de vergonha se apossou de mim. Procurei afastar aquele pensamento e segui para o mercado principal, onde esperava encontrar alguma caravana que seguisse para a Espanha ou para a França.

Após meia hora de caminhada, cheguei à quarta colina, onde ficava o mercado principal. Lá se reuniam os caravaneiros e partiam as caravanas tanto para o Oriente, quanto para o Ocidente. Eu devia procurar um velho árabe de nome Harum, amigo de Ahmed que poderia me ajudar a voltar para o meu país. Fiquei deslumbrado com o movimento do mercado. Lá se vendia de tudo. Aproveitei para comer algo; o meu estômago já reclamava de fome.

Andando pelas barracas que vendiam frutas, consegui alguns damascos e figos que saboreei com gosto. Mais adiante, uma senhora de olhos bondosos me ofereceu uma caneca de leite de cabra, ainda morno. Aceitei agradecido. Saí provando das diversas gostosuras do mercado, pães recheados com manteiga de leite de cabra, coalhada seca temperada com azeite e ervas, carnes em conserva. Comi tanto que fiquei quase a estourar!

Vendia-se de tudo no mercado: peixes, carnes, aves, animais vivos, aves exóticas, especiarias, tecidos diversos, móveis, tapetes, armas... Enfim, tudo o que se precisasse e pensasse. Havia também artistas que se apresentavam em troca de algumas moedas, que eram depositadas em cestos aos seus pés. Encantadores de serpentes, engolidores de fogo e de espadas, dançarinas, malabaristas. Eu me vi qual criança a admirar todas aquelas coisas que nunca pensara existir. Por fim, lembrei-me do motivo da minha ida ao mercado e parti em busca do local onde trabalhava o velho Harum.

Ao saber que eu vinha enviado por Ahmed, o árabe me tratou com muita afabilidade e convidou-me para ficar hospedado em sua casa. Falou-me dos perigos das estalagens, onde muitos estrangeiros tinham seus pertences roubados e outros eram até assassinados. Aceitei agradecido o seu convite, pois não estava me sentindo confortável em ser testemunha do caso do francês Pierre e a filha do estalajadeiro. Ao saber do meu desejo de ir para Navarra, o meu novo amigo informou que, dali a uma semana, uma caravana seguiria para Madri, passando antes pela França; ele poderia me conseguir vaga como segurança ou mesmo condutor de camelos.

Passei o resto do dia em companhia de Harum, aproveitando para ajudá-lo, organizando alguns fardos pesados de sua loja, fazendo limpeza e outros serviços que me foram determinados. O árabe, satisfeito com a minha coragem de trabalhar, perguntou se eu não gostaria de passar um tempo com ele, poderia me pagar muito bem. Contei-lhe que precisava voltar para casa com urgência, pois tinha uma missão a cumprir e precisava da bênção dos meus pais. Não quis lhe contar sobre a minha doença. A respeito dos meus pés enfaixados, eu menti, dizendo-lhe que havia me queimado com azeite fervendo durante a Cruzada e que, por isso, havia sido dispensado do exército. Como a pele era muito fina, eu necessitava de cobri-los. Ao cair da tarde, despedi-me de Harum com o compromisso de, no dia seguinte, encontrá-lo no mercado.

Já era noite quando cheguei à estalagem do russo Dimitri. Corri à casa de banhos para fazer a minha higiene e, em seguida, segui para a sala de jantar, onde já se encontravam os outros três hóspedes e Dimitri à mesa. A velha mongol e a sua filha Ulyana se revezavam em servir aos homens que bebiam vinho e conversavam animadamente. Notei que ambas me olharam mais demoradamente e Ulyana Dimitrievna sorriu para mim, piscando os olhos. Eu não sei por que, mas não conseguia olhar mais para a filha do estalajadeiro sem corar. Permaneci o tempo inteiro monossilábico, concentrando-me na refeição. Foi servida uma sopa de repolho de gosto horrível, carneiro assado e batatas cozidas. Depois da refeição, cuidei de ir direto ao meu quarto. No dia seguinte, pensava aliviado, estaria livre daquela situação.

Horas mais tarde, acordei com alguém batendo à porta. Apreensivo, fui atender. Era Pierre, que pediu licença, entrou, sentou-se em uma cadeira e ficou olhando para mim com um riso no rosto. Indaguei-lhe o que ele queria, ao que contou que não havia razão para ficar tão vexado com o que vira na madrugada. Eu quis desconversar, dizer que eu não tinha nada com aquilo, mas ele insistiu no assunto e disse que Ulyana Dimitrievna não era uma moça de virtudes; entre as suas atribuições na estalagem, estava a de divertir os hóspedes com os prazeres do sexo, desde que se pagasse uma boa quantia à sua mãe, a velha mongol. O pai também sabia de tudo. Disse-me Pierre que se eu estivesse interessado nos favores sexuais da bela jovem, era só entregar à sua mãe a quantia de três solidus e a jovem estaria disponível. E com um sorriso cínico no rosto acrescentou:

- Ela vale cada moeda gasta!

Eu agradeci a informação e preferi mudar o assunto. Depois de conversarmos um pouco sobre o comércio e outros assuntos, Pierre se despediu e foi para os seus aposentos, deixando-me pensativo. Sim, eu bem poderia satisfazer o meu instinto e conhecer o sexo antes de ir para o leprosário, mas não era isso que eu desejava, não era disso que a minha alma precisava. Se eu não tivera a chance de desfrutar desse prazer através do consentimento amoroso de uma dama, não queria desfrutá-lo através de comércio, não era assim que desejava, não achava correto tal modo de agir. O melhor a fazer era sair logo daquela estalagem e me livrar daquela tentação. No dia seguinte, antes mesmo de o Sol despontar no horizonte, deixei a estalagem e parti rumo à quarta colina, ao mercado, à tenda do velho Harum.

A semana passou rápida. O trabalho e a companhia do velho amigo eram prazerosos. Conheci muito sobre a cidade de Constantinopla que, por essa época, fazia parte do Império Latino, tendo como Imperador Balduíno II. O título assumido por ele fora de Imperador da România. O Império Latino iniciou-se em 1204 quando, depois de tomarem Constantinopla, os cavaleiros da Quarta Cruzada estabeleceram tal império, tendo Constantinopla como Capital.

O título de Rei dos Romanos pertencia aos sucessores germânicos de Carlos Magno e de Oto III, que foram coroados em Roma pelo Papa. Ora, somente este poderia nomear alguém com o título de Imperador dos Romanos. Quando os cruzados nomearam Balduíno I como Imperador, o trono do Rei dos Romanos estava vago, pois Felipe II, sucessor de Carlos Magno, não havia sido nomeado Imperador. Balduíno I, porém, não quis afrontar o Papa Inocêncio III e nomeou-se apenas Imperador da România. Curiosamente, nessa época passaram a existir, ao mesmo tempo, três Impérios Romanos: o Império Romano do Oriente, o Sacro Império Romano Germânico e, agora, o Império da România.

A cidade era o centro mais poderoso desde o declínio do Império Romano. Era o maior centro cultural e comercial do mundo. Estima-se que, àquela época, Constantinopla chegou a ter entre 25 a 30 milhões de habitantes. Cercada por diversas muralhas, a primeira construída pelo Imperador Septimus Severus e depois expandida pelas muralhas do Imperador Theodosius, a cidade crescia entre sete colinas.

Como centro religioso, abrigava diversas igrejas, de construções maravilhosas. Havia também belas praças de jardins bem cuidados, palácios imponentes, onde residiam os ricos comerciantes, oficiais do governo. As ruas eram bem pavimentadas. Eu gostava de andar em meio ao burburinho de pessoas que visitavam o grande mercado. Enquanto auxiliava Harum, eu observava as pessoas que por ali passavam e tentava lhes adivinhar a origem. Era um passatempo curioso. Talvez, se outra fosse a minha situação, tivesse ficado em Constantinopla.

Por fim, chegou o dia em que eu deveria partir com a caravana rumo ao meu lar. Acordei logo cedo, juntei os meus haveres e segui para o local onde deveria encontrar os caravaneiros. Havia a informação de que os ataques dos mouros às caravanas tinham se intensificado. Sairíamos de Constantinopla com destino a Filipos, onde deveríamos pousar e reabastecer as provisões.

Despedi-me do velho Harum que, emocionado, declarou que sentiria minha falta, pois já me sentia como um filho. Deu-me um belo presente, uma adaga adornada de fios de ouro e com o cabo cravejado de pedras preciosas. Disse que havia recebido tal objeto das mãos de seu pai e, agora, entregava-o a mim, pois não tinha filhos para quem deixar. Agradeci, comovido; nunca alguém havia me dado um presente de tanto valor. Enrolei a preciosidade em um lenço e guardei-a na cintura.

V - Aventuras do Retorno

Saímos de Constantinopla com o sol já no alto. Era uma clara manhã de primavera. Uma brisa suave trazia os cheiros da cidade à minha sensibilidade olfativa. Gosto muito de observar o cheiro das coisas. Guardo memórias olfativas dos lugares e de acontecimentos. Por exemplo, o cheiro da calêndula me remete ao meu amigo Ahmed, pois a pomada que usava para aliviar as dores das feridas era feita à base do extrato dessa flor. O cheiro de incenso me remete ao mercado de Constantinopla. Há cheiros alegres e outros tristes. Cheiro de algas me lembra dos sofrimentos passados no delta do Nilo.

Partimos de Constantinopla em direção a Filipos pela rota da Via Egnatia, principal estrada usada àquela época. Seguíamos em um grupo de 35 homens, armados, carregando, em carroças puxadas por muares, as mercadorias que seriam comercializadas na Itália, França e Espanha. Eu fazia parte do grupo encarregado pela segurança da caravana. Apesar de ser uma via de bastante movimento, havia trechos muito perigosos, principalmente aqueles que ladeavam as montanhas, pois eram os locais prediletos dos salteadores atacarem, surpreendendo os viajantes.

Deveríamos percorrer, naquele dia, a distância de 72 km e pousar em Melantias. Seguíamos a costa do Mar Egeu, aproveitando as brisas marinhas que aliviavam o cansaço e o calor. Viajamos o dia inteiro, parando de quando em vez para nos refrescarmos, dar de beber aos animais e nos alimentarmos. Para animar as longas horas da viagem, eu tocava a minha flauta. Cantávamos canções que falavam de conquistas, de amores prometidos, das doçuras e delícias do lar.

As horas passaram rápidas e, ao cair da noite, conseguimos chegar aos arredores da cidade. Acampamos à porta desta; não deveríamos perder muito tempo naquele local, apenas o tempo necessário para reabastecermo-nos de água. Fizemos revezamento de dois a dois na vigia do acampamento. Passamos uma noite calma, nenhum mal nos aconteceu.

No dia seguinte, aproximarmo-nos de Heracleia, cidade às margens do Mar de Mármara, na região da Trácia. Esta era famosa por possuir muitos túmulos antigos nos seus arredores. Passávamos por entre os túmulos quando fomos atacados por um bando de salteadores. Eram cerca de vinte homens que nos atacaram à retaguarda, conseguindo destruir duas carroças, na tentativa de lhes roubar as mercadorias. Reagimos ao ataque e, depois de luta encarniçada, o bando desistiu e alguns dos ladrões fugiram da liça, correndo por entre os túmulos, buscando escapar para não serem presos ou mortos pelos nossos homens.

Saí em perseguição a um dos homens. Ele era muito veloz, corria rápido na estrada, ziguezagueando por entre as catacumbas. Eu, todavia, não desisti da perseguição. Apesar de sentir dores nos meus pés, chagados pela doença, seguia-o procurando não perdê-lo de vista. Por um momento, ele sumiu entre os túmulos de pedra e em dado momento, atacou-me, pulando sobre mim. Não contava o malfeitor com a minha destreza na luta corpo a corpo e, rapidamente, consegui dominá-lo, desarmando-o e já me preparava para lhe desferir golpe mortal, com a minha adaga, quando a mão estacou no ar. Observei que lutava com um menino, era um rapazola imberbe, tão jovem quanto eu, quando iniciei a minha aventura na Sétima Cruzada. Era valente, esperava o golpe mortal sem demonstrar medo, reconhecia a derrota, mas não clamava misericórdia. Libertei-o, fiz sinal de que se fosse. Ele ficou atônito, por um momento ficou parado, olhando para mim, depois se voltou e correu, perdendo-se na escuridão, pois já anoitecia.

Retornei ao grupo, trazendo um ferimento no ombro, resultado da luta, mas a consciência estava em paz; eu soubera refrear a agressividade e poupara a vida de um jovem, como gostaria que a minha fosse poupada! E como eu desejava a cura!

Após reorganizarmos as mercadorias, entramos em Heracleia. Busquei um boticário para tratar do ferimento do ombro. Ainda teríamos um longo caminho pela frente até chegarmos a Dirráquio, cidade portuária que marcava o fim da Via Egnatia.

O restante da viagem foi bastante tenso. Em vinte dias de caminhada, alcançamos metade da jornada, chegando a Filipos, uma importante cidade do Império Romano, localizada na região da Trácia (Península Grega), que se situava no topo de uma colina, tendo a seus pés o Rio Gangites e a Via Egnatia.

Tive uma estranha sensação ao adentrar os portões daquela cidade. Era como se eu já a conhecesse, como se tivesse estado ali em outros tempos. Tudo me era familiar. A cidade era imponente. Fundada entre os anos de 356 a 358 a.C, pelo Rei Filipe da Macedônia, a cidade, situada no topo de uma colina, era muito rica em minas de ouro e prata. Por essa razão, tornou-se a porta de entrada da Europa para os que vinham da Ásia. Além disso, tinha importante função estratégica por se constituir rota terrestre para o Helesponto (Dardanelos) e o Bósforo da Trácia, que são os dois estreitos que separam a Europa da Ásia, o Helesponto (Dardanelos), separa a Ásia Menor da Trácia e liga o Mar Egeu ao Mar de Mármara. O Bósforo, também conhecido como passagem da vaca, devido à personagem mitológica Ló, sacerdotisa da Deusa Hera – que teria se transformado em uma vaca por algum tempo e teria passado por ali a caminho do Egito – une o Mar de Mármara ao Mar Negro .

Por ser colônia romana desde o ano de 42 a.C., os cidadãos filipenses eram também cidadãos romanos e possuíam os mesmos direitos de propriedade destes. A cidade era governada por pretores, seus oficiais eram descendentes de soldados romanos, o que dava um ar de latinidade ainda maior à cidade.

Andar pelas ruas de Filipos era como ter retornado ao lar. Sem entender como, eu conhecia o nome dos monumentos, das torres, conhecia as principais minas e sabia contar a história da região, sem nunca antes haver estado lá. Tal fato foi considerado extraordinário pelo Senhor Maggliano, o chefe da excursão, que se utilizou de meus conhecimentos inatos para realizar negócios nas minas de ouro e prata mais produtivas. Por conta disso, passamos mais dias do que o esperado na cidade, embora grande fosse a minha pressa de retornar ao meu lar. Conseguimos hospedagem em uma boa estalagem, que possuía quartos individuais com termas. Por essa época, a doença estava intermitente, às vezes dava sinal, mas em outras parecia estar estacionada.

Durante a minha estadia em Filipos, fiz amizade com alguns moradores do lugar. Conheci dois irmãos gêmeos, anões, seus nomes eram Andrea e Maximus, trabalhavam na estalagem, na limpeza dos cômodos. O grande sonho deles era participarem de uma Cruzada. Quando descobriram que eu lutara na Sétima Cruzada, cercaram-me de atenções e perguntas sobre a guerra, sobre os mouros. Ao fim das tardes, sempre que podiam, vinham até mim para conversar sobre a Cruzada. Eu lhes contava sobre as batalhas, as dificuldades; e eles, sonhando acordados, pareciam vivenciar aquelas cenas, muitas vezes até gesticulando e simulando lutas com espadas imaginárias. Com relação aos mouros, ficaram um pouco decepcionados com as minhas impressões, pois imaginavam serem, estes, tais quais demônios encarnados e não pessoas comuns, com valores e sentimentos. Quando lhes contei sobre a minha amizade com o egípcio Ahmed, ficaram sem graça, pois tal descrição não concordava com o seu imaginário.

Um fato, porém, me deixava incomodado: mulheres. Durante os dias que passamos na cidade, os homens convidavam-me para ir aos bordéis da cidade, para as orgias. Eu sempre recusava. Tinha medo de descobrirem a minha doença; todavia, o desejo me espicaçava o corpo. Eu ficava muito irritado, nervoso e buscava o equilíbrio em longas caminhadas e banhos frios no rio Gangites. Eu não havia estado ainda com nenhuma mulher e, pelo jeito, morreria sem conhecer os prazeres do sexo. Nenhuma mulher haveria de querer um leproso. Esses pensamentos me torturavam a mente.

Depois de dez dias em Filipos, retomamos a nossa viagem percorrendo a Via Egnatia. Ainda teríamos um longo caminho a percorrer até a cidade de Dirráquio, de onde partiríamos em naus para Brundísio, na Itália. Foram longos 60 dias de caminhada, passando pelas cidades de Anfípolis, Tessalônica, Pela, Edessa, Florina, Heracléia Linceste, Lichnidos e Mânsio Escampa. O restante da viagem foi tranquilo, parando nas cidades maiores para reabastecer os mantimentos.

Ao chegar a Dirráquio, uma grande nau nos esperava. Embarcamos de imediato e, depois de algumas horas, para que alguns detalhes da viagem fossem acertados, zarpamos em direção à Itália. Ao ver-me novamente no mar, senti-me bem. Recordava a ida ao Egito, saindo de Aigues Mortes. O início da minha saga.

Pensamentos estranhos povoaram-me o espírito no caminho de volta. Como estariam meus parentes? Será que os encontraria bem? Vivos? Será que eu seria bem recebido? Estávamos em março de 1253. Eu não era mais o menino que saíra de casa, cheio de sonhos. Era, agora, um homem sofrido, com o espírito temperado pela guerra, pelo conhecimento de outros povos. Como será que estavam todos? Será que haviam mudado tanto quanto eu?

Tivemos a sorte de pegar bons ventos e, no final de março, aportamos em Brundísio. Enfim, pisava no solo da Europa Ocidental.

VI - De Volta ao Lar

Em fins de abril, cheguei à Espanha. Vi-me, como em um passe de mágica, diante dos portões da herdade. O perfume das oliveiras me falava que eu estava de volta ao lar. Uma emoção tomou conta do meu espírito. Pisava novamente aquele chão tão querido. Novamente eu veria os meus entes amados. Agora poderia sentir o calor da família; sentia-me protegido, tudo agora estava certo, em seu devido lugar. Eu continuaria a minha vida, ajudando ao meu pai, cuidando da terra, da família, casaria e teria filhos que, um dia, cuidariam de mim. Lágrimas de alegria lavavam o meu rosto, agora barbado.

Após o primeiro momento de emoção, senti algo estranho no ar. Não sei bem como definir, era um estranho silêncio. A paisagem estava diferente, os campos estavam malcuidados, as oliveiras não haviam recebido a poda necessária à sua boa frutificação. Aquela paisagem diferente fez meu coração tremer de medo. O que teria havido durante a minha ausência para que encontrasse a fazenda naquele estado de abandono?

Segui ansioso para a nossa casinha. Lá estava ela, branquinha, janelas azuis. Porém, não havia flores na janela. Novo arrepio me estremeceu a alma. Apesar da minha dificuldade em andar rápido, avancei os últimos metros que me separavam da porta de entrada o mais rápido que pude. A porta estava destrancada. Entrei chamando por todos. Nenhuma resposta. Saí procurando pelos cômodos da casa. Não havia ninguém. Percebi, então, que a casa estava abandonada, ninguém mais morava ali. Haviam partido, mas para aonde? Por quê? Caí de joelhos, um imenso cansaço tomou conta da minha alma. Todas as minhas esperanças me deixaram, como se fossem aves que partem em busca de outra estação.

Deixei-me ficar ali, por não sei quanto tempo, pois adormeci profundamente em um sono sem sonhos. Quando acordei, já era noite. Sentia frio e fome. Não havia nada ali que pudesse servir de alimento. Catei um pouco de lenha e acendi a lareira e deixei-me ficar ali, aquecido pelo fogo, pensando no que fazer agora. Eu teria de procurar pela minha família, saber o que havia acontecido com todos. Adormeci novamente.

No dia seguinte, logo ao nascer do sol, saí da casa. Estava faminto. Encontrei algumas amoras e mirtilos que me ajudaram a saciar a fome, momentaneamente. Resolvi seguir em direção ao castelo do Señor Olivideo, que haveria de ter uma explicação sobre o destino dos meus pais. Segui pela estrada que ligava a herdade ao castelo do Suserano. Depois de algumas horas de caminhada, encontrei-me com o Senõr Miguel Ibarra, outro vassalo do Señor Jaime Olivídeo, que tinha a sua herdade naquela vizinhança. Cumprimentei o Señor Ibarra, que, de início, não me reconheceu.

- Quem sois? O que buscas em terras do Senõr Olivídeo? - perguntou-me o Señor Ibarra.

- Não me reconheces, amigo? Sou Galindo, primogênito do Senõr Alfredo Gutierrez! - respondi ao vizinho.

Ao ouvir minhas palavras, o Señor Ibarra empalideceu. Passou a mão na testa e gaguejando, exclamou:

- Jesus Cristo! Pensávamos que estavas morto! Tua família chorou a tua morte por meses! E tudo aconteceu por causa disso!

Aflito, eu indaguei:

- O que houve com a minha família? Pode o Señor me explicar?

O Señor Ibarra contou-me, então, que o nosso suserano havia trazido a triste notícia aos meus pais de que eu havia perecido no Egito, durante uma batalha. Como compensação pela minha morte, ele dera aos meus pais alguns escudos de prata, pouca coisa em relação ao que havia lucrado com a Cruzada. A notícia de minha morte foi devastadora para a minha família. Em poucos meses, o meu pai adoeceu, sofreu um ataque de apoplexia e não mais andou e nem falou, vindo a morrer dois meses depois. A minha mãe e meus irmãos foram convidados a se retirar da herdade e, em poucos dias, deixaram a terra, seguindo para destino ignorado por todos. A única coisa que restara da minha família era o meu velho cão, que agora vivia em sua herdade, mas que ele teria muito gosto em me devolver.

Fui buscar o meu cão, o velho Draco, era esse o seu nome. O meu amigo, diferentemente dos humanos, me reconheceu de pronto!

Chorava aos meus pés e me lambia as mãos com devoção. Eu chorava junto com ele, pois o cão era tudo o que restara da minha família. Eu agora estava sozinho no mundo, não sabia como encontrar minha mãe e meus irmãos.

Voltei à velha casa levando o cão comigo. Levei alguns alimentos que me foram dados pelo amigo Ibarra. Eu precisava encontrar algum trabalho para poder me manter. Deveria procurar o Señor Olivideo, talvez ele pudesse me ajudar. Assim o fiz, seguindo para o seu castelo.

Ao chegar ao Castelo, fui barrado no grande portão de madeira, guardado por dois guardas armados de afiadas espadas. Indagaram a razão da minha visita. Identifiquei-me e contei-lhes a minha história, escondendo, é claro, a minha doença. Pedi que me fosse concedida uma entrevista com o generoso Señor Jaime Olivídeo. A minha vida dependia dele.

Um dos homens foi ter com o mordomo do Señor Olivideo e, após longos minutos, pediram-me que os acompanhasse ao interior do Castelo. Lá, o próprio suserano veio falar comigo. Disse-me que nada mais me devia, pois havia pagado à minha família o valor da minha vida: dez escudos de prata. Determinou que eu me retirasse imediatamente de suas terras, pois não queria que eu trouxesse a doença para os seus. Aliás, aconselhou-me a procurar um leprosário e lá terminar o resto de meus dias, pois eu era um homem morto.

Retirei-me daquelas terras levando apenas o meu velho cão e uma profunda amargura. Não sabia o que fazer e nem para aonde ir. Caminhei a esmo pela estrada até chegar a um pequeno vilarejo. Procurei algum serviço, em troca de uma refeição decente, mas ninguém tinha trabalho que pudesse me dar. Novamente estava no campo, com fome e cansado.

Draco, apesar de velho, trouxe-me um coelho que havia caçado. Abrigamo-nos debaixo de uma árvore, fiz uma fogueira, assei o coelho e nos alimentamos.

Vagueamos pelas estradas por uns dias, comendo frutas que colhia nas árvores ou alguma caça que Draco trazia entre os dentes. Porém, com o passar do tempo, os dias dormindo no relento e a alimentação irregular fizeram com que a doença recrudescesse. Voltei a ter febre e outros pontos da doença começaram a aparecer no meu corpo.

Recolhi-me a uma gruta, para abrigar-me das intempéries; porém, iniciava-se o inverno e a queda brusca da temperatura me tornava cada dia mais fraco. Cheguei a pensar que não resistiria àquele inverno e morreria como indigente. A tristeza de saber da morte do meu pai e da dispersão da minha família fazia com que eu também desejasse morrer. Assim, todo aquele sofrimento cessaria. O único que não desistia de mim era o meu velho cão galgo. Sempre me despertava com lambidas no rosto, latia e me empurrava para que eu levantasse, me mexesse.

Certa feita, caminhava pela vila pedindo esmolas. Já me via na condição de mendigo, pois não tinha mais forças para trabalhar e estava debilitado demais. Aqui e ali, alguma alma caridosa me dava um pedaço de pão, um resto de comida que eu dividia com o meu amigo Draco. De repente, tudo ficou escuro e desmaiei. Despertei, horas mais tarde, deitado em um leito desconfortável de casa humilde. Uma velha senhora, de faces descarnadas, oferecia-me uma tigela de caldo. Eu tremia tanto que ela precisou me alimentar, dando-me o caldo em colheradas.

Depois de alimentado, a velha senhora aproximou-se para conversar, com um sorriso bondoso e olhos doces e tristes, que me lembravam o olhar de minha mãe. Seu nome era Nájera, ela vivia sozinha, era viúva. Estava em um pequeno povoado, de nome Zubiri. Este está localizado no caminho que leva a Santiago de Compostela. A senhora Nájera era religiosa, devota de São Tiago Maior, um dos discípulos de Jesus. Acreditava-se que seus despojos físicos estavam enterrados juntamente com os de seus discípulos, Teodoro e Atanásio, naquela cidade.

A senhora Nájera me fez várias perguntas: "De onde eu vinha, o que fazia por aquelas paragens?". Contei-lhe a minha história e ela contou-me a sua.

Era catalã, da vila de Peratallada, morava em uma grande casa com os seus pais e seis irmãos. Quando moça, havia sido muito bonita. Seu pai era comerciante de sedas, sempre viajava para o Oriente em grandes caravanas que levavam muitos meses para retornar. Era um homem generoso, que sempre tratava os filhos com muito carinho. Ela era a terceira dos seis filhos. Tinha a pele trigueira, lindos olhos verdes, semelhante a duas esmeraldas; emolduravam-lhe a face. O velho pai, Raul Hernandez, sempre lhe trazia lindos presentes: jóias de valor, tecidos finos que se transformavam em lindos vestidos.

Certa feita, um grupo de ciganos chegou à vila, proveniente de terras húngaras. Uma grande família de artesãos, os Polányi, que trabalhavam, com perfeição, metais como o cobre, o latão, o ouro e a prata. Havia entre eles um belo rapaz de nome Demir, alto, louro, de olhos azuis claros, compleição robusta. Logo as peças produzidas pelos ciganos ganharam fama na pequena vila de Peratallada. A mãe de Nájera encantou-se com uma linda baixela de prata produzida por estes e manifestou o desejo de possuí-la. O Señor Raul Hernandez convidou o artesão a vir à sua morada, a fim de lhe contratar o serviço. Era Gabor Polányi, o pai de Demir, que levou o filho para participar do negócio.

Era uma linda tarde de verão, os ventos mornos da Catalunha eram convidativos a um passeio pelo campo. Nájera e suas irmãs saíram para aproveitar a beleza daquela tarde e colher algumas flores com que gostavam de enfeitar a vivenda. Foi um passeio agradável, cheio de risos e brincadeiras. As irmãs colheram lindas flores e traziam braçadas dessas. A bela jovem entrou em casa abraçada ao lindo ramalhete, rosto corado e os olhos verdes brilhando intensamente, duas gemas preciosas. Ao vê-la, Demir sentiu como se os sentidos estivessem desaparecendo, o chão lhe fugia debaixo dos pés. Aquela era a visão de uma deusa, seria Boldog Asszony, a deusa das colheitas, da fertilidade, da qual seu povo falava?

Ao perceber aquele jovem que a olhava de uma forma tão intensa, a jovem Nájera sentiu que o sangue lhe subia às faces; um arrepio percorreu o seu corpo inteiro e ela sentiu que o seu destino estava ligado ao do cigano Demir. No entanto, aquele era um amor impossível, pois a mão da bela catalã já estava prometida a um jovem cavalheiro, filho do dono de pequena herdade daquela região. Além do mais, nenhum homem entregaria uma filha para um cigano, povo pagão, cheio de mistérios.

Desde o dia daquele encontro, o jovem Demir não mais sossegara. O coração estava sempre inquieto, não conseguia dormir, nem comer, pois todos os seus sentidos pediam por Nájera. Só havia uma coisa a fazer: roubá-la dos pais.

O serviço da confecção da prataria contratado pelo Señor Hernandez levaria cerca de quinze dias para ser concluído. Esse era o tempo que o cigano apaixonado teria de esperar para poder ter o seu objeto de desejo nos braços. Ele planejava roubar a jovem no dia seguinte à entrega da baixela. Daria um jeito de observá-la, de ver os seus caminhos costumeiros. Esperaria uma oportunidade propícia para realizar o seu plano.

A jovem Nájera também se impressionara com aquele rapaz alto, de olhos azuis. Ele a olhara de uma forma tão estranha que ela se sentira desnuda diante dele. Porém, sabia estar comprometida. Além de tudo, ele era cigano. Seu pai nunca permitiria qualquer aproximação. Tratou de tirar aquele encontro do seu pensamento.

Demir passou a vigiar a casa da amada. Sempre de longe, de forma disfarçada, seguia os passos da jovem por onde ela fosse. Observou que, aos domingos, ela sempre passeava em uma colina, nas proximidades da vila, acompanhada das irmãs, para colherem flores. Decidiu que aquela seria a ocasião propícia ao seu plano.

Quinze dias se passaram e o serviço da baixela foi concluído e entregue e o pagamento, realizado. Ali deveria se encerrar o contato da família Hernandez com os ciganos Polányi. Todavia, passados dois dias, quando Nájera e as irmãs se divertiam na colina, colhendo as flores de verão, o jovem Demir, aproveitando um momento de distração das irmãs de sua amada, aproximou-se furtivamente de Nájera e, tapando-lhe a boca para que ela não gritasse, raptou-a da colina. Já os esperavam dois cavalos fortes. Ele colocou a jovem amarrada e amordaçada em um cavalo e, montando o outro, levou-a para longe da vila de Peratallada. Estava selado o destino de Nájera e Demir.

Depois de cavalgarem por um longo tempo, em direção ao Sul, achando-se livre de qualquer perigo, ele libertou a sua amada das cordas e da mordaça. A princípio ela, assustada e zangada, odiou o jovem cigano por aquele ato. Como tivera coragem de cometer tal crime, tal loucura? Demir tentou desculpar-se, declarando-se apaixonado por ela, dizendo não ser possível viver sem a sua presença e que aquela tinha sido a única alternativa para tê-la, pois sabia que seu pai não permitiria o casamento dos dois. Nájera não queria aceitar a situação, exigia que o rapaz a levasse de volta, pois, como ele não era cristão, ela não poderia se casar com ele e viver em pecado. Não queria ir para o inferno. Porém, ela não desejava se casar com o jovem com quem era comprometida. Todos lhe diziam que o pai do rapaz era um homem de maus bofes e que o filho puxara ao pai. Aquela era uma forma de se livrar daquele casamento forçado. Mas não queria viver com Demir sem as bênçãos sagradas do matrimônio. Demir, então, propôs que ela seguisse com ele. Iriam para uma vila distante e ele procuraria um padre, se batizaria e depois se casariam. A jovem aceitou a proposta e o casal seguiu viagem. Depois de alguns dias, encontraram uma vila e o pároco da região aceitou, por uns bons cobres, batizar o rapaz e depois realizar o casamento dos dois.

O casal foi viver em Zubiri e Nájera nunca mais teve notícias de sua família. Tiveram nove filhos. Demir continuou com a profissão de artesão e conseguiu dar uma vida digna a sua esposa e filhos. Havia pouco mais de três anos que ele havia morrido, vítima da Peste Negra. Nájera também perdera quatro filhos, vítimas da mesma doença. Ela estava sozinha agora, os seus outros filhos haviam partido há muito tempo. Ela se entregara à devoção a São Tiago e ajudava a pessoas em dificuldades, assim como estava a me ajudar.

A velha senhora constatou a gravidade da minha doença. Não seria possível a minha permanência por muito tempo em Zubiri, pois eu poderia disseminar a doença e contagiar outras pessoas. Era preciso que eu me recolhesse a um leprosário. Ela conhecia uma casa para hansenianos que ficava em Santiago de Compostela. A casa era mantida por monges beneditinos. Eram homens caridosos que, certamente, acolher-me-iam. A própria Nágera cuidou de ir falar com o abade para que eu pudesse ser aceito naquela instituição. Poucos dias depois, fui levado para Santiago, para o local onde eu seria encerrado e ali terminaria melancolicamente os meus dias. Pelo menos assim achei que seria o meu destino.

VII - Na Casa de Lázaro

Chegara a meu destino final. A caridosa amiga acompanhou-me até o mosteiro. Porém, não poderia seguir em minha companhia ao leprosário. Lá, apenas os monges tinham acesso.

Logo ao chegar, fui encaminhado a um cômodo humilde, onde me foi servido um mingau. Pediram que esperasse naquele ambiente. Eu não poderia transitar pelas outras áreas do mosteiro. Aguardei por algumas horas naquele pequeno cômodo, guarnecido apenas por um velho catre de madeira escura, uma bilha de água fresca e um crucifixo dependurado nas rústicas paredes de pedra. De dentro do quarto eu podia escutar o cântico dos monges que trabalhavam em um jardim contíguo àquele ambiente. Aquelas vozes, que cantavam glorificando o poder divino, enlevavam a minha alma, dando-me a certeza de que haveria um propósito para todo aquele sofrimento pelo qual eu passava. Alguma voz interior dizia-me para ter paciência e confiança, pois eu teria muita luta e sofrimento; mas entregando a Jesus as minhas dores, eu teria a consolação.

Algumas horas depois, um monge baixo e muito gordo veio me chamar. No pátio, esperava-nos uma carroça guiada por um asno, que estava carregada de alimentos e caixotes de madeira cheios de roupas. Acomodei-me na carroça e seguimos viagem rumo ao leprosário que tinha o nome de A Casa de Lázaro. Draco acompanhava a carroça, seguindo-me com a fidelidade de sempre.

Alguns quilômetros adiante havia um denso bosque de oliveiras. O monge estacou a carroça e mandou que eu descesse. Descarregou a carroça, deixando os mantimentos embaixo de uma árvore e tocou repetidamente um sino barulhento. Feito isso, montou na carroça e partiu sem se despedir, deixando-me atônito, parado, ali no meio do mato, sem saber o que fazer.

Passados uns minutos, comecei a ouvir vozes, vindas do interior do bosque. O cão, sempre atento, latiu, dando sinal de que alguém se aproximava. Depois, foram surgindo vultos, que se transformaram em rostos. Homens, mulheres e também algumas crianças, todos deformados pela lepra, olhavam para mim de forma curiosa. Eu segurei o meu cão que, desconfiado, rosnava para aqueles rostos desconhecidos, e mandei que se calasse. Ficamos, eu e o grupo, por um tempo, nos mirando e analisando, até que um dos homens tomou a iniciativa. Aproximou-se de mim e disse ser o chefe, o seu nome era Agustin. Era um homem alto e muito magro, de tez morena. Tinha as mãos já carcomidas pela doença e uma enorme chaga na orelha. Perguntou-me o que fazia na Casa de Lázaro e eu nada disse, apenas apresentei-lhe as minhas chagas.

Logo estava rodeado pelos outros integrantes do grupo, que me perguntavam sobre o mundo lá fora: de onde eu vinha, quem era o Rei de Espanha agora, há quanto tempo estava doente. Eu respondia às perguntas e sentia-me como se fosse um ser estranho, pois a curiosidade com que me olhavam incomodava. As crianças olhavam com interesse para o meu companheiro canino, conversavam entre si. Uma delas arriscou tocar o animal. Porém, por medo, Draco mostrou-lhe os dentes, rosnando baixinho. Eu o repreendi. A criança, todavia, desistiu do intento.

Depois de algum tempo, perderam o interesse por mim e lembraram-se dos víveres que estavam embaixo da árvore. Correram em direção à mesma e lançaram-se sobre os alimentos em uma batalha injusta, pois os mais fortes ficavam com quase tudo e não distribuíam as doações com os mais fracos: as mulheres, os idosos e as crianças. Aquela situação incomodou-me sobremaneira e, quando dei por mim, já instava contra aqueles que se aproveitavam da fraqueza dos outros companheiros. Vi-me avançar contra os homens e retirar-lhes o excesso do que carregavam, discutindo rispidamente, chamando-os ao correto procedimento moral. Outros, que desaprovavam as atitudes desleais daqueles homens, aproveitando-se da minha iniciativa, também resolveram agir e engrossaram fileira junto a mim, de modo que, dessa vez, as doações foram distribuídas equitativamente e os maldosos recuaram, aborrecidos com a reação.

Aquele primeiro ato fez com que eu fosse visto pela população da Casa de Lázaro como uma espécie de justiceiro, de salvador. Fui acolhido com bons olhos pelos indefesos e também por boa parte dos homens, mas ganhei a inimizade dos que antes se locupletavam da valentia para tirar vantagens sobre o restante da população. Entre estes, encontrava-se Agustin.

Depois desse episódio, fui levado pelos novos companheiros de infortúnio para a nova morada, a Casa de Lázaro. Era um pequeno povoado, formado de choupanas de madeira, outras de pedra e adobe. Tudo muito pobre e insalubre. A higiene passava distante dali, pois dejetos humanos eram encontrados em qualquer lugar. Nada havia que lembrasse um povoado de gente decente, tudo tinha o aspecto lúgubre. Era como se aquele ambiente fosse o portal de entrada do inferno e aqueles que lá estavam, considerando-se proscritos, aguardavam apenas que a morte lhes abrisse entrada para a morada definitiva.

Com exceção de Agustin e seus comparsas, que ocupavam as choupanas de melhor aspecto e condição, não havia moradas individuais para as outras pessoas. Estas se amontoavam de qualquer maneira nas outras vivendas e muitos dormiam ao relento, nem mesmo as crianças tinha um tratamento melhor. Eram abandonadas como se fossem cães sarnentos.

Uma coisa que me chamou atenção foi o olhar desses infantes. Eram olhos de medo, de fera acuada, sem nenhuma expressão de inocência. Havia, aliás, certo ar de malícia naqueles olhos e os risos mais pareciam esgares do que o esperado sorriso inocente próprio das crianças. Em todos os rostos que me fitavam, eu só conseguia ver medo, desesperança e ódio.

Fiquei por um tempo parado, desolado sem saber para aonde ir ou o que fazer. Como eu iria conseguir viver naquele lugar imundo, cercado de tanta miséria e horror? Seria melhor morrer o mais rápido possível, pensava com uma profunda tristeza. Seria melhor prender uma corda ao redor do pescoço e dar fim àquela vida de horror. A revolta, o medo e a tristeza tomavam conta da minha alma, colocando-me no mesmo padrão mental dos meus companheiros de infortúnio.

Depois, saí caminhando a esmo, como se procurasse algo, não sabia o quê, mas precisava fazer alguma coisa para me tirar daquele estado de desespero. Depois de alguns minutos de caminhada, já tendo me afastado do povoado, encontrei uma gruta de pedra encoberta por uma vegetação de gavinhas. Ali deveria ser a morada de bichos peçonhentos, pensei. Contudo, algo me impulsionou a ir observar a gruta mais de perto. Depois de algum esforço em cortar a vegetação que lhe encobria a entrada, deparei-me com uma agradável caverna, espaçosa e iluminada por frestas laterais. Seria um abrigo perfeito e acolhedor. Precisava apenas de algum trabalho e eu teria a minha morada individual, longe daquele ambiente infernal que era o centro do povoado.

Comecei de imediato a trabalhar na minha nova morada, arrancando o mato, retirando as pedras soltas. Com o mato seco que havia em redor improvisei uma vassoura e varri o lugar. Depois, tocando fogo na vassoura improvisada, afugentei os morcegos que habitavam a gruta, tornando-me agora o seu mais novo proprietário. Com algumas varas e com pedras, improvisei um fogão, que serviria para me aquecer e ainda cozinhar o meu alimento. Estava organizada a minha nova morada, com o tempo eu iria melhorar as suas condições, mas aquilo me animou, tirou-me do desespero em que me encontrava. O fato de ter me afastado daquele ambiente doentio e de tanta baixeza moral já me auxiliara a mudar a minha disposição mental. Eu resistiria, pensava. Havia um propósito para tudo aquilo, dizia-me uma voz interior.

Logo chegou a noite. Acendi o meu fogão/lareira com as achas de lenha que coletara nas redondezas. O meu jantar daquela noite estava resumido a um pedaço de pão e dois pêssegos que eu tinha conseguido no meio daquela confusão da divisão dos víveres. Comi com satisfação, dando graças por ter o alimento que me sustentasse as forças. Draco bebeu um pouco d'água e deitou a cabeça em meu colo, como a me guardar. Ficamos os dois, dentro da noite escura, naquela gruta que, de agora em diante, seria o nosso lar.

Aquela foi uma longa noite, o vento cantava o seu lamento lúgubre, anunciando que o inverno se aproximava. Eu chorei por longas horas, lembrando-se da minha família, dos bons momentos que havíamos passado juntos, das brincadeiras infantis nas tardes mornas por entre as oliveiras. Tudo aquilo agora não passava de lembranças, tudo era um passado que não voltaria mais. Agora, eu teria de viver o resto dos meus dias naquela gruta e teria que conviver com a horrenda morfeia, que todos os dias horrorizava os meus olhos com aquelas carantonhas deformadas, que constituíam os meus irmãos de infortúnio. Como eu conseguiria viver em meio tão agreste? Ali não havia amor, esperança; apenas tristeza, ódio e desesperança. Adormeci rogando a Deus que tirasse a minha vida, que eu não tivesse que suportar por muito tempo aquela prova.

Acordei no meio da noite, sentindo que alguém tocava meu ombro com muita delicadeza. Ao abrir os olhos, diante de mim se encontrava uma jovem de imaculada beleza, trajando vestes brilhantes, leves, que esvoaçavam com o vento que soprava. Em seus cabelos negros, que em cascata de cachos emolduravam o rosto perfeito, cintilavam pequenas luzes, como se uma coroa constituída de uma nuvem de pirilampos lhe enfeitasse a fronte. Os olhos eram de um azul profundo e emitiam tranquilidade e paz. A boca pequena, de lábios finos e rosados, exibia um sorriso perfeito, emoldurado por dentes pequenos e alinhados como uma fileira de puro marfim. Percebi que ela não tocava o chão, antes flutuava sobre este, como se fosse uma leve pluma. Ela me chamou pelo nome e pediu que a acompanhasse. Eu a segui, caminhamos por um bosque iluminado pela luz da Lua. Tudo tinha o tom azul prateado e um ar de pureza dominava todo ambiente.

Chegamos ao alto de uma colina e de lá eu podia ver toda a região de Santiago de Compostela. Ela apontou para a região do leprosário; observei que sombras escuras cobriam aquele lugar e a luz prateada tinha dificuldades de penetrar o local. Apenas aqui e ali se via que algum raio conseguia romper a espessa massa cinzenta. Elvira, esse era o seu nome, falou-me com uma doce voz, que me parecia o canto de um anjo.

- Eis aí a tua missão, meu grande amigo! Ali estão as almas dos irmãos que, nos tempos de Roma, pela tua insânia, mandaste assassinar. Ali se encontram os que não souberam perdoar, os que pereceram com o coração tomado pelo ódio e desejo de vingança. É chegada a hora de resgatares esses irmãos que, como tu, sofrem também a miséria da lepra. São almas equivocadas que, pelo desespero e abandono, já não se consideram como seres humanos, e sim como criaturas abjetas. Por isso, se permitem os mais escabrosos vícios e crimes. É tua missão resgatá-las, apresentar-lhes o Cristo que não conheceram, mas que por conta d'Ele morreram. São os judeus da Roma Antiga que pereceram no Coliseu Romano, vítimas da ferocidade humana.

De repente, vi-me como que lançado a outro cenário. Era o ano de 246 d.C. O cenário que se desenhava à minha frente era o Coliseu Romano, com as suas grandes colunas de pedra. Era um dia de festa, haveria lutas de gladiadores e também sacrifício de cristãos. Meu nome era Herênio Etrusco, filho de Caio Méssio Quinto Trajano Décio, Imperador Romano.

Eu comandava a execução de vários cristãos e também de judeus acusados de serem cristãos. Naquela noite, muitos seriam jogados às feras, enormes leões famintos, que aguardavam em jaulas a refeição do dia, ou seja, carne fresca humana. Havia também um espetáculo à parte, que fora ideia minha: iluminar a arena com tochas humanas. As crianças, filhas dos judeus e cristãos capturados, foram amarradas em postes de madeira, besuntadas em azeite e incendiadas vivas. Aquele horrendo espetáculo, idealizado por mim, foi uma atração especial naquela noite. Esse fato me traria amargas consequências no futuro.

Em março de 251, na Batalha de Abrito, na Mésia Inferior (hoje conhecida por Bulgária), fui morto por uma flechada.

Ao ver aquelas cenas de um passado tão distante, em outra existência, eu, horrorizado, compreendi a extensão dos meus débitos e a razão da morfeia que agora me corroía o corpo. Era a resposta da Lei aos meus crimes, pois é bem sabido que quem com ferro fere, com o ferro será ferido.

Eu tinha uma missão junto àquela comunidade. Mas o que fazer? Disse-me a entidade de luz que eu deveria apresentar o Cristo àquelas pessoas tão sofridas. Mas de que maneira eu faria isso, se eu também conhecia tão pouco sobre Jesus? Indaguei à entidade. Elvira apenas sorriu e disse-me que, na hora certa, eu encontraria os meios para cumprir a minha tarefa.

De repente, vi-me de volta ao leito. Levantei sobressaltado. Teria sido um sonho? Eu bem sabia que não. Entendia que havia sido levado, em espírito, a conhecer o meu passado e também a necessidade da minha missão, a fim de ressarcir os meus débitos com a Lei. Chorei e orei agradecido por aquele auxílio recebido. Agora, não mais lamentaria a lepra, não desprezaria os meus irmãos da Casa de Lázaro, procuraria cuidar e ajudar a todos, essa seria a minha razão de viver de agora em diante.

VIII - Novas Conquistas

Amanhecera um dia frio. O céu, encoberto de nuvens, anunciava um inverno rigoroso. A fome me fez lembrar que eu deveria encontrar algo para comer. Afinal, me fora dada uma missão, eu precisaria de forças físicas para desempenhá-la.

Saí da gruta, acompanhado do meu cão, pensando em caçar. Havia algumas galinholas na região, ou quem sabe mesmo não encontrasse uma lebre? Com sorte, um faisão? Eu era bom em fazer armadilhas de caça para pequenos animais. Embrenhei-me no mato em busca de gravetos e cipós, a fim de construir tal armadilha. No caminho, encontrei uma moita repleta de mirtilos maduros. Aproveitei para colher alguns e saciar a fome. Encontrei o material de que necessitava e montei duas armadilhas. Agora, teria apenas de esperar. Retornei à gruta, aqueci um pouco de água e fiz um chá com algumas ervas colhidas na floresta. Depois, decidi seguir em direção à Casa de Lázaro; precisava descobrir de que forma poderia cumprir a minha missão.

Ao chegar à vila, deparei-me com um drama: havia um cadáver a ser sepultado. Mais um que perecera vítima da morfeia. Ninguém, contudo, queria realizar a tarefa. Percebi que, nessas ocasiões, todos se afastavam horrorizados. Nesses instantes, a realidade que nos aguardava era jogada no rosto de maneira crua. Fugir talvez fosse uma forma de não enlouquecer. Percebi que Agustin e seus comparsas queriam obrigar um rapazola a realizar o serviço e, pelo fato de o mesmo se negar, era espancado com violência pelo valentão e seus comandados.

Ao ver-me, o líder voltou a sua ira contra mim e determinou que eu deveria ajudar ao rapaz, já ensanguentado, a cavar a sepultura do velho que morrera. E dizendo isso, partiu em minha direção, armado de pá e porretes, querendo me incluir como vítima da sua maldade e revolta. A gritaria era imensa. Alguns apoiavam Agustin, outros pediam misericórdia, tentando acabar com o conflito. Eu permaneci impassível à espera do meu oponente. Ao tentar me golpear com a pá, eu facilmente o desarmei e, novamente, o nocauteei com um golpe certeiro no queixo. Os outros recuaram. Não continuei a bater no meu oponente, deixei que os seus companheiros fossem ajudá-lo a se levantar. Segui em direção ao meninote que sangrava, levantei-o, carreguei-o nos braços para uma cabana que me foi indicada por algumas mulheres. Lá chegando, coloquei-o em um catre, pedi água limpa e limpei o sangue que tornava aquele rosto, já desfigurado pela lepra, uma massa de cabelo, carne e sangue.

Depois de conseguir a hemóstase e de ter acalmado Pablo, pois era esse seu nome, tomei conhecimento do problema e da necessidade de se sepultar o velho que morrera naquela noite. O seu nome era Miguel, era um dos mais antigos moradores do leprosário e há dias que não conseguia mais se alimentar. A morfeia havia destruído a sua boca e garganta. Ele morrera de fome. Fui ver o cadáver do velho Miguel, acompanhado de algumas mulheres que não choravam, antes praguejavam, dizendo que ele tinha tido sorte por se livrar daquele inferno e estar enfim, liberto. E, agora, sobraria mais um leito para se colocar outros que também se encontravam muito fracos. Ali estava o que restava de um homem, que como qualquer um de nós, tivera sonhos, medos, amores. Que vivera uma vida e que, por alguma razão desconhecida, terminara ali a sua existência como um farrapo humano. Restava apenas um corpo carcomido e que já se putrefazia, necessitando da caridade de um sepultamento.

Sem pensar duas vezes, eu envolvi o corpo de Miguel e, chorando, segui em direção à floresta. Queria sepultá-lo distante daquele ambiente miserável. Desejava guardar os seus restos mortais em um local onde houvesse o silêncio e a paz, um lugar onde a beleza fosse a guardiã do corpo de alguém que viveu, lutou e sofreu. Não me importava quem houvesse sido Miguel em vida. Não fazia diferença se ele havia sido um homem bom ou um criminoso, o que me movia era apenas o amor e o respeito a uma criatura de Deus. Enterrei o corpo no alto de uma colina, de onde se podia avistar um lindo bosque, onde o silêncio era quebrado não pelos gemidos de dor ou por imprecações de revolta, mas pelo cantar dos pássaros, pelo assobio do vento. Ali deixei um amigo, alguém que eu não conhecera em vida, mas que considerava um amigo, um irmão de infortúnio, alguém a quem eu devia esse ato de amor. E sabia que aquele deveria ser uma das minhas vítimas da Roma distante, a quem eu devia essa última obrigação e homenagem, como forma de pedido de perdão. Aos olhos humanos, aquela atitude não tinha grande significação, mas no plano espiritual que se interpenetra ao plano material, o espírito Miguel estava ao meu lado, agradecendo-me a ação e perdoando-me a insânia do passado.

Retornei à Casa de Lázaro, o ambiente estava mais calmo. Fui procurar Agustin, queria tentar algum entendimento com ele. Não desejava ter inimigos, mas era preciso que houvesse respeito por todos. O homem não me aceitou as desculpas, nem qualquer entendimento. Afastou-se manquejando, acompanhado de seu séquito de deformados, ameaçando vingança. Outros, que não concordavam com as atitudes daquele que se impunha como líder, me convocaram para uma conversa na choupana de Beatriz, uma das mulheres que era respeitada na vila e que não concordava com os atos de meu oponente.

Beatriz era uma mulher ainda jovem, de uma inteligência incomum às mulheres daquela época; ela sabia ler, tinha alguns livros em sua choupana. Havia sido muito rica, de família abastada, vivera em Barcelona, na Catalunha. Era de personalidade forte, não aceitando ser serva de nenhum homem. Por isso, fora enviada pelo pai a um convento, pois ela não nascera para o casamento - e que serventia teria uma mulher que não servia para homem nenhum? - pensava o seu pai. Aos 20 anos, ela foi levada ao convento e entregue a freiras impiedosas. Era uma linda jovem, de pele branca como marfim e lindos cabelos sedosos da cor de cobre. Tinha uma boca bem formada, de lábios carnudos e vermelhos e adornada por lindos dentes brancos, perfeitamente alinhados. Os olhos, de um castanho dourado, traziam o ar sonhador de um espírito forte e revel. Uma alma adiante de seu tempo.

Tentando domar o forte espírito daquela jovem que nenhuma vocação para a religião possuía, as freiras submeteram Beatriz a terríveis maus tratos: cortaram seus lindos cabelos, raspando a sua cabeça e vestiram-na com andrajos. Obrigavam-na aos trabalhos mais pesados e desumanos, como limpar pocilgas e latrinas. A cela em que ela foi encerrada não possuía passagem de ar, ficando em área subterrânea do convento, sendo um local de ar viciado e muita umidade. Os constantes maus tratos, as humilhações e até mesmo abusos sexuais sofridos pela jovem levaram-na a adoecer e contrair o mal de Hansen. Quando se descobriu que ela era portadora de tal moléstia, foi considerada uma alma sem salvação, pois a doença era a prova do desagrado de Deus para com a sua impenitência. Foi, assim, largada na Casa de Lázaro para que ali terminasse os seus dias e seguisse para o inferno, que a aguardava. A única coisa que o seu pai permitiu que lhe fosse entregue foram alguns livros que ela tanto amava. Entre esses, uma cópia do Evangelho de São Mateus, escrito em grego, uma verdadeira relíquia que lhe havia sido presenteada por seu padrinho, um Duque Italiano, irmão da sua mãe.

Por sua cultura e força de espírito, Beatriz logo se impôs como alguém a ser respeitada. Cedo entrou em conflito com Agustin, rejeitando os seus métodos desonestos e violência. Sofreu as consequências de não aceitar a liderança do homem cruel, sendo muitas vezes abusada e maltratada por ele próprio e por seus comparsas.

Em um desses episódios, ela engravidou e deu à luz uma pequena menina, que nasceu muito fraquinha. Não se sabia quem seria o pai da pequena Rosa, uma criança que não herdou a beleza da mãe, mas tinha olhos vivos que demonstravam esperteza e inteligência. Desconfiava-se que o pai seria o próprio Agustin. Desde que a criança nascera, ele deixara Beatriz em paz e não permitia que nenhum dos seus comandados se aproximasse dela. Beatriz, apesar de muito enfraquecida pela doença e pela gravidez difícil, cuidava da criança com desvelo. Por aquela época, ela já era uma menina de cinco anos, esperta e, inexplicavelmente, não era doente. A morfeia não havia lhe posto as garras.

Cheguei à choupana de Beatriz. Lá já se encontravam alguns idosos, homens e mulheres que, juntamente com a dona da casa, agradeceram-me pelo ato humanitário para com o velho Miguel e a defesa ao menino Pablo. Todos que ali se encontravam tinham queixas terríveis contra Agustin e seu bando e determinaram que eu deveria ser o novo líder da comunidade, pois demonstrava ser justo e corajoso. A princípio, quis me negar a aceitar tal cargo, mas Beatriz aproximou--se de mim e, olhando profundamente em meus olhos, disse-me:

- Galindo, esse é um posto que já lhe aguardava há algum tempo. Assuma a posição que lhe foi destinada.

Aquele olhar penetrante e doce fez percorrer uma corrente em meu corpo e eu, sem entender como, me vi dizendo que, a partir daquele instante, seria o defensor de todos, desde que Beatriz dividisse comigo as responsabilidades da função, fato que foi aceito com alegria por todos que ali se encontravam.

A situação do leprosário era um verdadeiro caos. Não havia abrigo para todos e muitos dormiam ao relento, fato que causava muitas mortes nas épocas de inverno. A comida e as doações não eram justamente distribuídas, ficando com maior quantidade aqueles que tivessem força física para disputá-las. Os mais doentes, os velhos, as mulheres, as crianças e adolescentes eram sempre prejudicados, como eu já presenciara na minha chegada. Não havia respeito para com as mulheres que eram abusadas, assim também acontecendo com as crianças. Havia até uma disputa entre os homens quando uma nova mulher, considerada "aproveitável", chegava à Casa de Lázaro. Ela era abusada por todos os que compunham o bando de Agustin. Não havia respeito à inocência das crianças e certos atos eram praticados na frente de todos, como se aquele lugar fosse um covil de feras entregues apenas aos mais baixos instintos.

Conversamos muito e observamos que teríamos que determinar certas regras para criar ordem naquele lugar. Havia muita coisa a mudar, construção de abrigos para que ninguém dormisse ao relento, mais justiça na distribuição dos alimentos e roupas doadas, algumas medidas de segurança em proteção às crianças e mulheres. Tudo teria que ser examinado, reformado e em comum acordo estatuído, para que pudéssemos conviver em paz. Não seria uma tarefa fácil, pois muitos não aceitariam as regras. Mas, se era para o bem da maioria, haveríamos de lutar.

A partir daquele dia, as coisas começaram a se modificar na Casa de Lázaro. Observando que o seu poder estava abalado, Agustin passou a agir com mais cautela. Muitos dos que o acompanhavam por achar que tirariam alguma vantagem nisso o abandonaram e buscaram conquistar a minha simpatia, colaborando com a construção dos abrigos. Construímos também casas de higiene, onde as necessidades fisiológicas eram feitas e não mais no meio da rua. Os mortos passaram a ter um sepultamento digno, e os que ficavam em condição mais grave ganharam uma enfermaria, onde os menos doentes os auxiliavam, ajudando a minorar-lhes o sofrimento.

Eu precisava muitas vezes ir à casa de Beatriz para o planejamento de ações, discussão de problemas e, com o passar do tempo, fomos ficando amigos. Assuntos pessoais passaram a fazer parte das nossas conversas. Conversávamos por horas, confidenciando um ao outro as nossas dores, as nossas tristezas e medos, as nossas esperanças... Sim, apesar de tudo, também tínhamos esperanças, estávamos vivos, os nossos corações ainda batiam forte com as emoções.

Eu passei a sentir falta da companhia da minha nova amiga. Ansiava pelos momentos em que estávamos juntos e, ao deixá-la, sempre o fazia com o coração oprimido pela saudade. Apesar da morfeia ter lhe arrancado uma orelha e já descarnado uma parte do ombro direito, eu a achava uma mulher muito bela. A beleza dos seus olhos cor de ouro e a doçura e profundidade de alma que eu percebia neles quando ela me olhava deixavam-me desconcertado. Eu não sabia que nome dar àquele sentimento que tomava conta de mim e tinha medo que, descobrindo, ela me rejeitasse. Passei a perceber que o que eu sentia por aquela mulher era mais que uma simples amizade: era um grande amor! E havia também o desejo. Eu ficava desconcertado com aquilo e recriminava-me, pois como é que ainda podia pensar nisso, e com uma mulher doente? Mas eu também estava doente! E nunca conhecera os prazeres do sexo. Será que morreria sem conhecer? O fato é que eu amava e desejava Beatriz, mas tinha medo que ela soubesse e me rejeitasse.

Passei a me dedicar ao trabalho com mais afinco, tentando esquecer aquele sentimento. Procurei evitar ir muitas vezes à casa da minha amada e, sempre que podia, fazia longas caminhadas com o meu fiel Draco, buscando meditar sobre tudo aquilo e orando para que Deus tirasse aquelas ideias da minha mente e ajudasse a me dedicar apenas ao auxílio aos meus irmãos de infortúnio.

IX - Nasce o Amor

Chegou, enfim, o rigoroso inverno. Desta feita, um dos mais frios invernos europeus.

A neve se espalhava por todo lugar, cobrindo tudo com o seu manto branco e gelado. Contrariando minhas expectativas, a minha gruta não fornecia o aquecimento necessário ao meu conforto e vi-me impelido a procurar algo que pudesse forrar as suas paredes a fim de garantir o calor necessário. Porém, não encontrava nenhum material que servisse. As madeiras congeladas tornavam-se duras como aço e também quebradiças, impróprias para qualquer tentativa de tapume. E foi numa dessas tentativas de encontrar madeira que eu sofri um atentado.

Há muito que Agustin me observava e esperava o momento de me fazer algum mal. Naquela manhã, eu saíra bem cedo, acompanhado de meu fiel cão, para tentar encontrar madeira para fazer fogo e assim aquecer a minha gelada moradia. Em uma escarpa acidentada que ficava a poucos quilômetros de distância da gruta, eu havia visto uns ciprestes de troncos finos que talvez servissem de lenha. O óleo existente na madeira do cipreste permitia que o fogo durasse mais tempo. Escalei a escarpa com dificuldade, pois as chagas em meus pés, por essa época, estavam abertas, com o osso do calcanhar quase à mostra. A doença no inverno sempre piorava. Talvez a umidade constante favorecesse a proliferação do bacilo, assim como a queda da resistência orgânica, resultante da má alimentação.

Havia chegado ao alto da escarpa e preparava o machado para cortar os troncos, quando Agustin apareceu de surpresa e, com um forte empurrão, projetou-me do alto da escarpa contra as pedras, numa queda de cerca de dez metros de altura. O que me salvou a vida foi o fato de a neve estar muito alta e ter amortecido o golpe. Ainda assim, caí desacordado e com três costelas quebradas.

O inimigo, julgando-me morto, voltou à Casa de Lázaro satisfeito, como se nada houvesse acontecido, e esperou apenas que alguém encontrasse o meu cadáver para que ele voltasse a tomar o poder e voltar a cometer as arbitrariedades de antes. Não contou, contudo, com a esperteza do meu fiel cão Draco, que, ao ver-me caído e desacordado, correu ao leprosário e, encontrando Pablo, ficou a latir e arranhar suas pernas, dando pequenas corridas em direção à estrada e voltando novamente a arranhar as pernas do menino. O rapaz percebeu que o cão queria lhe mostrar algo e seguiu o animal, que o levou ao local onde eu me encontrava desacordado, quase congelado.

Ao me encontrar, Pablo voltou à vila e pediu socorro. Com ele vieram mais três amigos, que me transportaram em uma maca improvisada, levando-me à casa de Beatriz. Ao ver-me desacordado, ela julgou-me morto e quase desfaleceu, mas uma senhora percebeu que eu respirava, apenas estava desmaiado e enregelado. Trataram de me aquecer com cobertores quentes e massagens, até que, com muitas dores, eu despertei.

Com dificuldade, contei que havia sido empurrado do penhasco e todos já sabiam quem havia sido o autor do atentado. Agustin, quando soube que eu escapara, tratou de fugir da vila, pois temia que o povo se revoltasse contra ele e tentasse castigá-lo com a morte. De fato, Pablo e outros amigos quiseram capturá-lo e tirar-lhe a vida, mas eu pedi que não fizessem tal coisa, pois violência não deve ser combatida com violência, e sim com paz e entendimento. Os ânimos, então, se acalmaram.

Eu tive de ficar na casa de Beatriz. Não havia como me remover. Por conta das costelas quebradas, corria o risco de, ao me mexer, uma delas perfurar algum órgão. Então, tinha de ficar imóvel, precisando de auxílio para ser alimentado. Pelo menos nos dois primeiros dias não deveria me mover da cama. Beatriz prontificou-se a cuidar de mim e, com desvelo, buscava aliviar-me as dores com chás e analgésicos naturais. O tempo inteiro permaneceu a meu lado, cuidando das minhas necessidades. Depois de dois dias, eu já conseguia sentar sozinho e, com a sua ajuda, já conseguia dar alguns passos pela choupana.

Aproveitamos o tempo juntos para conversar. Ela falou que percebia que eu andava arredio; já não frequentava a sua casa como antes. Fazia tempo que não aparecia para aquelas tardes agradáveis de diálogos que tanto lhe faziam bem. - Será que havia feito algo que me desagradou? - perguntou-me, com aqueles lindos olhos dourados molhados de lágrimas. Eu não resisti e terminei declarando-lhe o meu amor. Contei-lhe que me afastara porque a amava e desejava e não sabia como lidar com aquele sentimento. Aquilo era novo para mim, pois eu nunca amara ninguém, nunca tivera mulher alguma em meus braços e agora, doente, sabia que ninguém haveria de me querer, muito menos ela, que tinha uma filha e deveria ter coisas mais sérias com que se ocupar. Certamente ela não iria se interessar por alguém como eu. Foi o que lhe disse em um só fôlego, pois sabia que não teria novamente ocasião nem coragem de tocar no assunto.

Beatriz ficou a me olhar, espantada, com aqueles lindos olhos vibrando uma luz e uma emoção indescritíveis. E com voz embargada de emoção, perguntou-me:

- E tu me achas bela? Mesmo com as chagas e deformações da morfeia?

Eu lhe respondi, também emocionado, com os olhos inundados de lágrimas:

- És para mim a jovem mais bela que meus olhos já viram. Nem a morfeia foi capaz de te roubar a beleza, porque além da beleza física, que ainda é presente em ti, tens a formosura da alma. Teus olhos fulguram a paz do amanhecer, teu sorriso cintila a beleza da noite estrelada. Eu te amo e te desejo, te quero por mulher, a primeira e a única, se me for permitida essa ventura no que me resta de vida aqui na Terra.

Naquele momento, o nosso amor foi selado com um beijo. Ela, então, entregou-se a mim sem reservas. Ambos não sabíamos bem como nos conduzir, porque, apesar de ser mãe, de não ser mais virgem, as experiências anteriores vividas por Beatriz foram de violência e nunca de sexo consentido, sagrado, abençoado pelo amor verdadeiro. Aquele em que não se trocam apenas os fluidos corporais, mas a troca é de energias da alma, sentimento com sentimento a se somar em uma cornucópia de prazeres espirituais plenificadores. Tal é a verdadeira troca.

A natureza encarregou-se de nos ensinar e nos satisfazer. Apesar da doença, das deformidades, havia naquele quadro uma beleza indescritível, que nenhum pintor, por mais sensível e habilitado que fosse, conseguiria transcrever em uma tela.

Casamo-nos, não precisamos das cerimônias e rituais da Igreja, mas o nosso compromisso foi selado diante de Deus, com promessas de companheirismo, fidelidade, respeito e amor eterno. Eu sabia que manteria esse compromisso para sempre e não apenas até que a morte do corpo nos separasse. Ainda hoje, eu o mantenho.

Deixei a gruta em que vivia e passamos a morar na choupana de Beatriz. Agora éramos uma família, juntamente com a pequena Rosa e o meu fiel cão Draco, que eu considerava como membro da família. Foi um tempo de descobertas e alegrias. Voltei a sentir a paz dos velhos dias passados na herdade em Navarra.

Beatriz possuía alguns livros e eu admirava aqueles escritos, verdadeiras preciosidades. Entre todos, o que me chamava mais atenção era um exemplar de o Evangelho de Mateus, traduzido em grego. Certa feita, externei a admiração que tinha por quem sabia ler e o meu desejo de aprender. E logo Beatriz passou a me ensinar as primeiras letras, que eu, com afinco, ia aprendendo com muito prazer. Em pouco mais de quatro meses, eu já conseguia ler sem dificuldades. Adentrei no precioso mundo da Literatura, manuseando aqueles livros, alguns escritos sobre pergaminho, outros sobre papel chiffon, com gravuras artisticamente pintadas, escritos e copiados com lindas letras. Livros eram coisas muito raras e caras e Beatriz os guardava quais fossem tesouros.

Li o Evangelho de Mateus quase decorando seus capítulos e versículos. Ao ler aquelas escrituras, eu me lembrava de Ahmed, das nossas conversas. Relembrava as histórias sobre Jesus que ele havia me contado e que não constavam no Evangelho. Associando os escritos evangélicos e as histórias, eu comecei a ensinar aos meus irmãos da Casa de Lázaro. Ao fim de cada dia, eu me reunia com alguns em nossa choupana e lhes falava sobre Jesus, as suas histórias de bondade e misericórdia. Falava-lhes da esperança e de que, no reino dos céus, renasceríamos limpos, livres daquelas chagas.

Logo, toda comunidade passou a visitar a nossa choupana em busca das histórias sobre Jesus. As pessoas tinham sede de esperança, precisavam sonhar que, em algum lugar, haveria uma vida melhor para si, sem que houvesse a dor e o horror daquela enfermidade.

Quando a choupana ficou pequena para o número de visitantes, passamos a nos reunir na praça. A cada fim de tarde, reuníamo-nos e orávamos, lembrando as histórias de Jesus. Com o tempo, algumas pessoas passaram a usar aquele momento para desabafar, para falar de seus medos e esperanças, pedir conselhos. E aqueles momentos se constituíam oportunidades valiosas de convivência amorosa e de cumplicidade. Sentíamo-nos como uma família.

Também atendia aos que estavam gravemente doentes e velava em suas cabeceiras, em seus últimos momentos. Eu os ajudava a morrer, infundindo-lhes fé na vida futura, coragem, a fim de que passassem para a vida espiritual com tranquilidade. Há muito que eu já cuidava dos cadáveres. Agora, eu os preparava para morrerem.

Cuidava também das crianças, as protegia da maldade de alguns que, muitas vezes, abusavam de sua inocência. Como não podia ter filhos, por essa época a doença já minava as forças de Beatriz, eu tinha todas as crianças do leprosário como filhos. Sentia-me responsável por todas e as defenderia com a minha própria vida, se necessário.

X - A Despedida

Após dois anos de casados, chegou o momento da despedida. Beatriz sucumbia fatalmente à doença. Seu corpo era uma grande chaga purulenta e irreconhecível. Apenas os olhos permaneciam os mesmos, ternos e doces como tâmaras maduras. Seus últimos momentos foram bastante dolorosos. Não encontrava refrigério para as excruciantes dores que sentia, mas não se queixava. Gemia baixinho, e dos seus belos olhos, lágrimas silenciosas jorravam.

Sabíamos que seria assim. Cedo ou tarde, um de nós sucumbiria, pois não havia cura para o Mal de Hansen. Contudo, não havia como impedir que a dor da saudade se instalasse em nosso peito. Conversáramos anteriormente sobre o fato e nos prometemos que aquele que ficasse continuaria com a obra de divulgação do Evangelho e com o cuidado com as crianças.

Nos últimos dias, eu quase não saía da cabeceira de Beatriz, procurando cercá-la de cuidados e carinhos especiais. Ela definhava rapidamente, porque não conseguia se alimentar. Havia uma imensa chaga em seus lábios e boca que a impedia de comer. O único alimento que conseguia ainda comer era leite de cabra, administrado em pequenas colheradas.

Nos instantes finais, eu me deitei junto dela. Ela já não podia falar, a língua fora carcomida pela morfeia. Acariciei com cuidado e delicadeza o que sobrara dos seus cabelos e cantei baixinho:

“ – Dorme, minha doce amada,
Que amanhã um novo dia te espera.
Começarás nova vida,
Com o romper da alvorada.
E poderemos viver uma nova quimera.
Sei que partirás, guiada por um anjo de luz,
E que, sozinho, por uns dias estarei,
Porém o nosso amor é tão forte,

Que sei que, breve,
Eu te reencontrarei.
Haveremos de nos encontrar,
Em novo mundo,
E, juntos, trilharemos um novo caminho,
Que será coberto de flores,
Nascidas com o orvalho do nosso carinho.
Dorme minha amada.
Não te detenhas mais,
Segue, voa, liberta-te.
Pois o teu amor sempre estará comigo,
E serás sempre a minha paz e o meu abrigo."

Senti que a respiração, antes estertorosa, foi se acalmando e com um profundo suspiro, o espírito da minha doce Beatriz deixou aquele corpo carcomido pela morfeia.

O que senti naquele momento foram sentimentos contraditórios. Por um lado, a tristeza de ver partir a mulher amada; por outro, sentia alegria por vê-la liberta da dor e do sofrimento. No mais profundo do meu ser, tinha certeza de que haveria o reencontro, pois o amor não se acaba, é força profunda e criadora e o único elo que mantém unidas as almas. Aquela despedida era momentânea, pois o amor nos unia para sempre.

Deixei o corpo de Beatriz sob a vigilância atenta de Draco e fui ao campo. Gostaria de colher flores para enfeitar o seu esquife. É bem verdade que não tínhamos como fazer um esquife de madeira, o que fazíamos era envolver o cadáver em um grosso manto, juntamente com algumas flores. Fui colher lavanda. Por essa época, os campos estavam cobertos de um tapete azulado daquela flor. Cavei a cova no alto da colina e enterramos o corpo frágil e sem vida da minha doce Beatriz.

E a vida continuou. Agora éramos eu, a pequena Rosa e o meu fiel cão. Aferrei-me ao trabalho de evangelizar os meus irmãos de infortúnio, muitos dos quais eram credores de meus cuidados e sacrifícios por conta dos erros cometidos no passado remoto.

O tempo passou e o trabalho prosseguiu. Chegaram, por fim, o inverno e as dificuldades que, somadas à saudade que eu sentia da minha esposa, fizeram a doença recrudescer com força. Perdi o meu pé esquerdo e a doença já tomava também o outro pé, impedindo-me de andar. Mesmo assim, não interrompi o trabalho de evangelização. Ajudado por Pablo e Lúcio, reuníamo-nos na sala, líamos uma passagem do Evangelho, comentávamos e depois eu contava alguma história. Orávamos a Deus em agradecimento e encerrávamos a reunião. Como a sala não comportava muita gente, as pessoas se organizavam para cada uma ir uma vez por semana apenas, dando oportunidade às outras.

Agora já não conseguia assumir todas as tarefas de antes. Muitas dessas eu confiei ao jovem Pablo, que se tornou um amigo fiel. Prevendo que a minha morte não demoraria a acontecer, resolvi preparar Pablo para assumir o meu lugar na tarefa de evangelização e também de governo da Casa de Lázaro. Ainda assim, auxiliado pelos fiéis amigos, conseguia dar assistência aos doentes mais graves, na preparação da morte e, sempre que possível, estava presente na hora suprema, orando e pedindo a Deus que recebesse o irmão de infortúnio em seu reino.

O inverno cedeu o seu lugar à primavera, mas a cada dia eu definhava. Algo não ia bem com meus pulmões e as noites eram torturantes, pois acessos de tosse e falta de ar me deixavam extenuado. Porém, aquilo significava que a minha libertação estava próxima e uma secreta alegria trazia paz à minha alma. Todavia, o trabalho continuava e, enquanto força tivesse, estaria falando para os meus companheiros sobre o amor de Jesus por todos nós.

XI - A Libertação

Era primavera! As flores pareciam mais belas naquele ano de 1256, em Santiago de Compostela. O ar parecia mais leve e mais perfumado. As noites frescas traziam sossego e doces pensamentos.

Naqueles dias, eu passava grande parte do meu tempo em preces, guardava-me para as tarefas do Evangelho dos fins de tarde. Durante todo tempo, era acompanhado pelo meu velho cão e algum companheiro que, compadecido do meu sofrimento, permanecia a meu lado para auxiliar nas necessidades do corpo. A alma, entretanto, encontrava-se fortalecida.

Era noite. Após um lindo dia e um gratificante trabalho, onde comentáramos as bem-aventuranças do Sermão do Monte, eu me sentia leve e feliz. As dores do corpo, naquele dia, quase não incomodaram. Recolhi-me ao meu catre, após ter ingerido uma leve refeição. Tão logo deitei, fui tomado por uma sonolência, uma sensação de alheamento. De repente, vi que não me encontrava sozinho no quarto. Lá estava novamente Elvira, ao meu lado, bela e delicada, vestida com a elegância de uma grande dama romana. Os belos olhos, quais duas puras gemas de água marinha, brilhavam de alegria. O sorriso brincava em seus lábios e lindos dentes brancos, enfileirados como pérolas em um colar, traziam-lhe uma beleza emocionante.

Ela pegou-me pela mão e eu consegui levantar sem esforço. Com espanto, notei que também conseguia andar sem nenhuma dificuldade, sem que a dor me fizesse cair. Caminhamos novamente para um lugar do qual eu conseguia ver toda região do leprosário. O mesmo local ao qual ela havia me levado anteriormente. Ela pediu que eu observasse novamente a paisagem iluminada pela argêntea luz do plenilúnio. Observei que havia uma grande diferença; a atmosfera da Casa de Lázaro não mais estava envolvida por pesadas nuvens escuras. Ao contrário, luzes eram projetadas das pequenas cabanas e uma luz maior vinha da cabana de Beatriz, onde eu agora vivia.

Sorrindo, ela me falou:

- Eis o resultado do teu trabalho, meu filho! Conseguiste trazer as luzes do Evangelho para os espíritos dos quais eras devedor. Agora são almas redimidas, que aguardam o momento da libertação do fardo carnal para seguirem a sua estrada de evolução. Estou feliz em vir te dizer que o teu trabalho na Casa de Lázaro está terminado, cumpriste com maestria a tua tarefa e agora estás liberto, podes partir.

Fiquei confuso e lhe disse:

- Para onde irei? Não tenho mais família, nem Beatriz; não tenho para aonde ir.

Elvira sorriu de modo enigmático e falou:

- Acho que não percebeste o que está acontecendo. Olha para os teus pés.

Fiz o que ela me pediu e, para minha surpresa, o meu corpo estava perfeito, não havia mais nenhuma chaga, eu tinha os meus dois pés. Eu estava são novamente, não tinha mais as chagas da morfeia.

Elvira segurou minhas mãos e olhando-me profundamente falou:

- Não percebes o que te aconteceu, meu filho? Estás livre do fardo de carne que te prendia ao mundo da matéria. Agora, és Espírito livre!

Um sentimento de alegria e perplexidade invadiu a minha alma. Então eu estava livre! Enfim, a liberdade! Apesar de ter apenas 24 anos, eu me sentia como um velho. Aqueles oito anos vividos desde a partida em Aigues Mortes para o Cairo! Até agora, haviam se passado apenas oito anos. Porém, para mim, era como se tivesse vivido um século! Agora eu estava livre e poderia ir ao encontro de Beatriz!

- Onde estaria a minha amada?- indaguei a Elvira.

- Tudo a seu tempo - disse-me a nobre dama. - Agora, precisas me seguir, o teu trabalho continua na Espiritualidade. Precisas te preparar para dar continuidade ao mesmo. No momento preciso encontrarás a tua amada. Por agora, deves ser obediente e me seguir.

Eu aquiesci e disse que a seguiria confiante. Agora, ao contemplar Elvira, algo estranho me acontecia, percebi que não perguntara a razão daquele Espírito tão nobre me acompanhar e proteger.

- Por que você demonstra tanto interesse e carinho por mim? - fiz-lhe tal questionamento, mas a resposta foi lacônica:

- Não te apresses em querer saber de tudo! Tens a imortalidade para descobrir! – e, dizendo isso, osculou-me a fronte com muito carinho.

Seguimos por um longo bosque. De repente, a minha mente foi ficando confusa, uma sonolência me invadiu e eu adormeci. Pelo menos foi isso que acho que aconteceu, pois não me lembro de como saí daquele bosque em companhia de Elvira.

Acordei, mais tarde, achando que havia sonhado, porém logo percebi que não fora sonho, pois me encontrava em local diverso da minha cabana na Casa de Lázaro. Era um quarto amplo, de paredes claras e teto alto. Em algumas paredes, viam-se afrescos romanos pintados com graça e beleza. Encontrava-me deitado em uma cama confortável, com lençóis de puro linho. Podia ouvir que, de algum lugar, alguém tocava harpa. Era uma linda música que me lembrava de algo que já ouvira antes. Todo aquele ambiente parecia familiar. Sem entender como, eu sabia que me encontrava em uma domus romana. Aquele era o lar de Elvira na espiritualidade.

Levantei meio zonzo, desorientado. Caminhei até ampla janela e vi que esta dava para um lindo jardim, ornamentado de muitas flores. Esse era conhecido como atrium. Em seu centro, havia uma espécie de piscina, o impluvium, que tinha a finalidade de recolher as águas de chuva que caíam de uma abertura no teto, o compluvium. Havia uma estranha sensação de estar em casa. Era como se eu tivesse retornado ao meu lar. Mas a minha casa na herdade do Señor Olivídeo era tão diferente daquela ampla residência!

Após algum tempo, um rapaz, trajado com vestes romanas, veio me convidar a segui-lo à sala de refeições. Acompanhei-o. Seu nome era Petronius, que informou viver há algum tempo naquela domus em companhia de outras pessoas.

Chegamos a um grande salão. Uma bela mesa com frutas e caldos revigorantes nos esperava. Esse salão é conhecido como triclinium, local onde eram feitas as refeições na domus. O piso era de mármore muito branco, colunas de mármore enfeitadas com trepadeiras floridas adornavam o local. Havia também belas estatuetas de Apolo e Juno em tamanho original. Lá encontrei também Elvira e duas outras senhoras, que nos aguardavam para a refeição.

Havia uma coisa que me intrigava, apesar de parecer ser jovem: Elvira agia como uma matrona e, em relação a mim, havia um quê de sentimento maternal no tratamento. Era estranho, mas eu tinha a sensação de que já a conhecia de antes.

A minha protetora recebeu-me com um meigo sorriso no rosto, seus lindos olhos azuis me transmitiam carinho e calor humano. Apresentou-me às duas senhoras que a acompanhavam. Após o repasto, encaminhamo-nos ao jardim. Havia muito a conversar.

Aproveitando aquele momento de intimidade, disse-lhe sobre a minha sensação de já a ter conhecido anteriormente, só que eu não lembrava nem onde, nem quando. A nobre dama deu-me um sorriso enigmático e pediu que eu prestasse atenção à canção que cantaria. E começou a cantar uma canção infantil, uma melodia de ninar. Não sei como, mas me vi criança, não como Galindo criança, mas na personalidade de Herênio Etrusco, filho de Caio Méssio Quinto Décio, imperador romano. E vi a nobre Elvira a cantar ao meu lado, guardando-me o sono, cuidando dos meus machucados, acompanhando-me acordada nas noites de febre, brincando comigo nos jardins da nossa domus. Era aquele mesmo jardim, as mesmas flores, a mesma fonte...

Então era isso! Ela era a minha mãe! Ou melhor, havia sido naquela encarnação em que eu comprometera a minha paz perseguindo os cristãos e judeus. Um sentimento de doçura tomou conta de mim e abracei-a com ternura e gratidão. Ela contou-me que desde os tempos de Roma que me acompanhava. Ao desencarnar, ela tivera boa acolhida no mundo espiritual, pois cumprira com fidelidade as suas funções de esposa e mãe e que, apesar de ter sido colocada no mais alto grau do poder humano, não havia se deixado corromper pelas tentações do poder e da fortuna, sendo humilde e um bom exemplo de mãe e esposa.

Elvira havia rogado a Deus trabalhar em prol da minha iluminação através do resgate de muitos dos espíritos que haviam sido vítimas da minha crueldade. Entre eles, estavam aqueles que aceitaram me receber como filho, nessa encarnação na Espanha. Aqueles mais refratários ao perdão tiveram a sua sorte atrelada à minha e aguardaram o resgate através da dor e do conhecimento do Evangelho pela minha palavra. Eu, Herênio Etrusco, agora em outro corpo, em outro tempo, mas trazendo o mesmo compromisso: resgatar, através do amor de Jesus, aqueles mesmos espíritos que por mim haviam sido condenados, acusados de segui-Lo. Eis que uma parte do meu resgate estava realizada.

XII - O Trabalho Continua

Reencontrar a minha mãe de forma tão doce e sutil foi uma grande alegria. Ela sempre estivera ao meu lado, guiando-me para o caminho do bem. Agora, o meu trabalho de redenção deveria continuar no mundo espiritual. Elvira iria me orientar a respeito das novas tarefas que me esperavam. A propósito, as duas senhoras que a acompanhavam eram minhas irmãs, tinham sido filhas de Elvira na encarnação em Roma. Petronius também era meu irmão. A família estava reunida novamente, com exceção de Caio Méssio, que se encontrava em trabalho de reerguimento moral. Eu ainda haveria de ter notícias dele.

Após o agradável e revelador passeio, minha mãe convidou-me a conhecer o meu novo trabalho. Saímos da domus e fomos a um prédio de estilo romano, composto de muitos salões e diversos cômodos. Era destinado a acolher as pessoas que desencarnavam vítimas da lepra. Os doentes da Casa de Lázaro eram levados para tal Instituição. A minha nova missão era receber os espíritos provenientes do leprosário que havia me servido de lar. Continuaria a minha missão, agora auxiliando esses espíritos na readaptação ao mundo espiritual e na compreensão do motivo pelo qual sofreram. Era preciso que houvesse o entendimento e o perdão entre mim e esses irmãos a quem eu havia prejudicado naquela encarnação distante.

Os espíritos que ali chegavam apresentavam-se nas mais variadas condições, desde apenas a confusão mental, condição natural da desencarnação, até aqueles que ainda chegavam ao mundo espiritual trazendo no perispírito as marcas da morfeia. Esses eram os que desencarnavam com o espírito amargurado na revolta e permaneciam doentes, pois tinham gravado na mente a doença como prisão.

Após conhecer todas as alas daquela Instituição, que também se denominava Casa de Lázaro, fui aconselhado a, sem demora, iniciar o meu trabalho, que constava em acolher e acompanhar alguns daqueles irmãos, aconselhando-os, ouvindo as suas dores e, através do Evangelho, buscando equilibrar as suas vibrações mentais. Havia algo mais a fazer: eu deveria dar-me a conhecer como Herênio Etrusco e lhes pedir perdão. Essa era a parte dolorosa da tarefa, mas eu estava decidido a executar.

Encerrada a nossa visita à Casa de Lázaro, Elvira aconselhou-me a voltar à domus e permanecer o restante do dia em oração e meditação, preparando o espírito para o trabalho que se iniciaria no dia seguinte. Voltei sozinho para o nosso lar, deixando Elvira às voltas com o trabalho da instituição.

Ao retornar à nossa domus, procurei obedecer às orientações da minha mãe e protetora e recolhi-me aos meus aposentos. Busquei a prece, permanecendo em isolamento pelo dia inteiro. Ao findar o dia, Petronius veio ao meu encontro para convidar-me para a prece em família e, depois, para a ceia. Saudei-o contente, dizendo saber agora que havíamos sido irmãos. Enlaçando-me os ombros, o meu irmão declarou a sua satisfação em ter-me de volta ao núcleo familiar; eu havia sido o irmão caçula e era muito querido por todos. As minhas irmãs, Sílvia e Flávia, estavam ansiosas para também conversarem comigo. Apesar de já permanecer na domus havia 15 dias, só agora eu apresentara condições de algum esclarecimento. Aquela informação causou-me surpresa, pois acreditava que estaria ali há não mais que dois dias.

Havia uma questão que ansiava pela resposta: onde estava Beatriz? Por que eu ainda não a havia encontrado? A minha mãe me informou que Beatriz não morava naquela colônia, era habitante de um mundo espiritual superior àquele. Estivera em missão no leprosário, pois era um espírito cristianizado. O nosso encontro dar-se-ia, porém, era preciso esperar. Era necessário que o trabalho e o resgate dos meus erros pudessem me tornar digno de merecer a convivência com a minha amada. Assim, o trabalho esperava e a ele me entregaria com afinco, confiante na recompensa de, um dia, poder tornar a encontrar a minha esposa e, com ela, poder dividir o meu céu.

Após uma ceia agradável com a minha família romana, recolhi-me aos meus aposentos para aguardar o primeiro dia de trabalho. A noite estava fresca e iluminada pela lua plena, e um perfume doce de jasmim se espalhava pelo ar. Senti saudades de Beatriz e adormeci tentando lembrar os detalhes do seu rosto.

Acordei algumas horas mais tarde, sentindo que delicada mão segurava a minha. Ao abrir os olhos, vi que era uma bela jovem. Retirei minha mão de entre as dela, assustado. Só quando lhe vi os olhos, percebi que se tratava da minha amada Beatriz. Porém, ela estava linda, não havia mais em seu rosto e pescoço as lesões causadas pela lepra. Havia uma suave aura azul que a iluminava.

Fiquei sem ação diante daquela imagem tão bela da minha doce esposa. Queria falar alguma coisa, mas as palavras não saíam. Eu apenas conseguia sorrir e admirar a sua incrível beleza. Ela voltou a prender a minha mão entre as suas com suavidade e falou:

- Eis-me aqui, atendo ao chamado do seu coração. Quisera poder estar contigo, esposo amado, porém o trabalho a desenvolver ainda nos impede tal desiderato. Todavia, o teu pensamento me chamou com tanto amor que me foi permitido vir ao teu encontro, pelo menos por alguns instantes, para que a saudade não nos maltrate tanto o espírito.

Eu, enfim, consegui mover-me e a envolvi em um terno abraço de saudades. Sensações incríveis tomaram conta de mim. Um prazer inefável! Eram as energias de amor, os eflúvios amorosos que nos envolviam, trocas que acontecem com espíritos que se amam e que não encontramos palavras no dicionário humano para descrever.

As palavras, enfim, saíram e eu pude dizer à minha doce Beatriz o quanto a amava, falando da felicidade de poder estar com ela, mesmo que fosse apenas por alguns momentos. Pudemos nos olhar, nos tocar, sorrir juntos, trocarmos juras de amor, como qualquer casal apaixonado. Falamos do passado, fizemos planos para o futuro.

Quando o dia amanheceu, eu ainda tinha Beatriz em meus braços. Mas quando o sol surgiu com toda a sua pujança, a minha amada despediu-se com um suave beijo nos lábios e promessas de novos encontros, partindo para a esfera espiritual ainda inacessível para mim. Lágrimas de saudades, de ternura e também de agradecimento molhavam as nossas faces. Um doce sentimento de paz e o seu perfume permaneceram comigo por muito tempo.

Era preciso, entretanto, dar continuidade ao trabalho para o qual fora convocado e que representa o meu passaporte para a felicidade plena, que aconteceria quando me fosse permitido viver com a minha esposa. Assim, apresentei-me o mais cedo que pude a Elvira, para que pudesse dar início ao trabalho. A alma agora estava repleta de esperanças e fortalecida por aqueles intensos momentos de amor vividos.

A minha tarefa na Casa de Lázaro constituía-se no mesmo trabalho que fazia na Casa de Lázaro da Terra: apresentar o Evangelho aos meus companheiros. Melhorar-lhes o padrão dos sentimentos para assim os ajudar na cura e continuidade da sua evolução espiritual.

Ao apresentar-me para o trabalho, fui conduzido a um salão onde cerca de uma centena de pessoas me aguardavam. A atmosfera espiritual era um tanto conturbada, dava para sentir a densidade dos pensamentos que ali se entrecruzavam como ondas em dispersão e choque. Havia um burburinho perturbador.

Ao adentrar a sala, todos se voltaram para mim e o barulho cessou. Eu havia preparado um pequeno discurso de apresentação, mas senti-me tomado de uma emoção e energia que, certamente, não vinham de mim. Foi então que, sem saber como, me vi falando:

-"Bem-aventurados os que choram, porque serão consolados".

"Vinde a mim, todos vós que estais aflitos e sobrecarregados, que eu vos aliviarei. Tomai sobre vós o meu jugo e aprendei comigo que sou brando e humilde de coração e achareis repouso para as vossas almas, pois é suave o meu jugo e leve o meu fardo".

Aguardando um pouco, para que as palavras surtissem efeito na platéia, prossegui, dizendo:

- Meus irmãos, este é o convite de Jesus para todos nós! Somente no Cristo encontraremos a consolação para as nossas dores e alívio para os nossos sofrimentos. No entanto, é preciso que tenhamos a consciência de que não somos criaturas injustiçadas. Não somos vítimas. Ao contrário, se sofremos é porque somos devedores, cometemos erros. Não há castigo divino, mas a cobrança da nossa própria consciência sobre os nossos deslizes. Só conseguiremos alívio para a nossa dor quando tivermos o entendimento de que nós mesmos somos os responsáveis por ela e depende apenas de nós dela nos livrarmos.

- Queremos a consolação. Todavia, o que fazemos pela nossa própria melhora? Onde o nosso esforço em evoluir? Qual o nosso trabalho em favor da nossa redenção? Perdemos precioso tempo com lamentação e revolta e esquecemos de que só colhemos o que plantamos, pois cada trabalhador é digno do salário que merece. O ódio, a revolta, a autopiedade e a lamentação não mudarão a paisagem em que vivemos, pois fomos nós que a criamos e a alimentamos com esses ingredientes. É necessário atentarmos para uma nova postura de vida. Como querer apagar um incêndio atiçando o fogo? Como querer deter uma enchente com mais água? Como querer acabar com a dor desejando a dor do próximo? Disse Jesus a Pedro, quando este decepou a orelha do soldado Malco: - Guarda a tua espada, pois quem com ferro fere, com ele será ferido. É preciso que atendamos ao convite de Jesus e aceitemos o seu jugo que é suave. E esta é a obediência à Lei de Amor."

Interrompi, por breve instante, para permitir que os meus ouvintes pudessem assimilar aqueles esclarecimentos.

Recobrando coragem, concluí aquela exortação:

- Jesus nos convida a aceitar a sua lei e vivermos à sua sombra. Para isso, é preciso que nos dispamos do orgulho e do egoísmo e aprendamos as suas imorredouras lições. Estamos aqui em nome de Jesus, para vos convidar a conhecer o jugo do Cristo, para que vós possais engrossar as fileiras daqueles que encontram, no nosso Mestre, o caminho da paz e da redenção. Porém, é preciso esforço pessoal, esquecimento de si mesmo e humildade. Quem de vós está disposto a aceitar tal convite?

Um silêncio seguiu-se à minha fala. Aquelas palavras que disse, influenciado pelas entidades superiores, pareciam não haver encontrado ressonância nos corações dos circunstantes. Fechei os olhos e comecei a orar, pedindo ao Senhor que me auxiliasse naquele instante, que aquele esforço não tivesse sido vão. Então, ao cabo de alguns minutos, comecei a ouvir novamente o burburinho das pessoas. Muitos daqueles que ouviram vieram em minha direção, com os olhos cheios de lágrimas, a dizer que aceitavam o convite de Jesus, que se reconheciam necessitados e que desejavam se curar, pois estavam cansados de sofrer. Praticamente todos os que estavam na sala mudaram o seu estado de espírito e vinham até mim desejando encontrar alívio. Apenas um que outro permaneceu em seu lugar, de cenho fechado. Os demais se abraçavam e também me abraçavam. Em seus olhos, havia uma luz diferente, uma nova esperança de paz. Encerrei o trabalho com uma prece de agradecimento e com a promessa de novo encontro para o dia seguinte, naquele mesmo horário.

E assim continuei a minha tarefa, cada dia levando um trecho do Evangelho para que pudéssemos refletir sobre ele. Também contava as histórias de Jesus que aprendi com Ahmed.

Encontrei, ali, muitos companheiros da Casa de Lázaro terrena, entre os quais Miguel, aquele ancião que eu sepultara. Ele, livre de suas chagas, abraçou-me comovido e agradeceu pelo respeito e carinho que havia tido com os seus despojos. Conversamos por longo tempo sobre aqueles duros dias na Terra. Ele votou-me a sua amizade e declarou estar disposto a trabalhar em seu benefício e também dos outros que ali viviam provisoriamente. Agradeci, comovido, mas pensava, com meus botões, em qual seria a sua reação quando eu me apresentasse como Herênio Etrusco, filho do Imperador Caio Méssio Quinto Décio e que fora responsável direto pela morte de muitos que ali se encontravam. Mortes trágicas, despedaçados pelas feras famintas ou queimados vivos, no Coliseu Romano. Isso era algo que me causava suores de medo, mas que eu teria que enfrentar em algum instante.

No tempo restante que me sobrava, eu aproveitava a convivência com Elvira e meus irmãos, na nossa domus. Também me reunia com outros trabalhadores da Casa de Lázaro, superiores a mim, que me ensinavam muitas coisas. Raramente recebia a visita de Beatriz, mas sentia constantemente a sua presença amorosa comigo. O seu perfume era o sinal de que estava ao meu lado e isso muito me alegrava.

Havia uma região da Casa de Lázaro em que era vetada a minha entrada, era um lugar conhecido como Porão, uma região extensa que abrigava os espíritos mais revoltados e doentes. Ali estavam aqueles que recalcitravam no mal, que perseguiam muitos dos que se encontravam nas zonas de refazimento, entre os quais eu me incluía. Ali, as vibrações eram de teor baixíssimo, verdadeiras nuvens venenosas exalavam daquele local. Havia tubos, semelhantes a chaminés, que eram usados para dispersar aquelas vibrações. Aparelhos magnéticos atraíam aqueles miasmas pestilentos, os queimavam e dispersavam por essas chaminés.

Elvira chamou a minha atenção sobre tal local, advertindo-me que eu não estava preparado para visitá-lo, pois ali se encontravam os espíritos mais revoltados, alguns dos quais eu havia prejudicado na encarnação romana e que não haviam aprendido a perdoar. Estavam em regime de internação compulsória, vivendo em verdadeiro pesadelo. Reviviam, permanentemente, a cena que lhes causava a revolta e o ódio, até que, cansados daquele sofrimento, decidissem, de moto próprio, buscar ajuda e sair daquele padrão de vibração. Frequentemente eram visitados por trabalhadores da casa, preparados para atender as suas necessidades e, quando possível, eram retirados de tal região e levados às zonas de refazimento.

Certo dia, após a pregação, havíamos estudado a Parábola do Semeador e refletido sobre a responsabilidade sobre os nossos atos. Faláramos da Lei de Causa e Efeito e da bondade e misericórdia divina, que nos permitiam corrigir nossas imperfeições e nos recuperar do mal cometido a outrem através da prática do bem. Ao final da nossa exposição, um homem levantou-se do meio da plateia e, de forma agressiva, falou:

- Se falas da necessidade do resgate dos erros cometidos através da prática do bem, por que ficas apenas no discurso, enquanto muitos dos que foram vítimas da tua vilania encontram-se a sofrer no Porão? Por que não fazes nada a fim de resgatá-los?

Olhando com mais apuro, eu reconheci aquele homem. Seu nome era Gaspar, ele era um dos companheiros de Agustin. Aquela intervenção inesperada deixou-me confuso, sem saber o que responder. Nesse instante, um dos nossos maiores, o Espírito Erasmo, interveio e declarou que todos os que estavam no Porão lá se encontravam por necessidade própria. Aquele era o lugar de despertamento onde as algemas do orgulho eram quebradas e os laços da humildade ajudavam a resgatá-los para o bem. O Cristo não abandona nenhum dos seus filhos e, certamente, eu teria ocasião de resgatar o mal que fizera a muitos dos que ali se encontravam.

À saída, eu procurei Gaspar e lhe pedi que dissesse quem e quantas eram as pessoas às quais eu havia prejudicado, que ainda se encontravam internadas no Porão. Ele respondeu-me, sem demora, que eram mais de duas centenas. Aquela revelação foi tão dura que eu caí de joelhos, tamanho foi o choque emocional. Contou-me ainda o homem que, entre as minhas vítimas, o que mais me tinha ódio era Agustin. Compreendi, então, que a animosidade que ele me votava no leprosário era proveniente de outra vida. Agora fazia sentido o ódio que ele me tinha.

Voltei para a domus angustiado. Somente então tinha noção da extensão do meu comprometimento. O trabalho seria mais difícil do que eu pensava. Como poderia ajudar pessoas a quem tanto eu ferira e prejudicara, falando de amor, de misericórdia e perdão? Eu não tivera para com eles nenhum desses sentimentos. Não queria parecer apenas um sino de catedral, que lança a sua voz e essa se dispersa no ar. Precisava ser mais eficaz o meu trabalho. Desejava me dedicar mais, chegar mesmo ao sacrifício, e não havia outro caminho senão a internação voluntária no Porão. Rogaria a Elvira que me permitisse ser internado em tal região para conviver com aqueles a quem eu prejudicara e lá, sofrendo das mesmas vicissitudes, pudesse eu ser-lhes servo fiel, auxiliando nas suas dores, buscando a sua amizade. Só então, depois de conquistar-lhes o amor, de conseguir retirar a todos do Porão, eu revelaria a minha antiga identidade de Herênio Etrusco, o filho de César. Desejaria mesmo voltar a apresentar as chagas da morfeia para, na mesma condição em que aqueles Espíritos se encontravam, poder auxiliá-los de alguma maneira.

À noite, depois da ceia frugal no triclínium, junto com toda família, pedi uma audiência particular junto a minha mãe. Elvira lançou-me um olhar perscrutador e convidou-me a um passeio pelo jardim. Nem a brisa fresca e perfumada da noite conseguia me aliviar o peso do coração.

Após caminharmos em silêncio por alguns minutos, sentamo-nos em um banco de alva mármore, que ladeava o pequeno lago. A minha mãe abraçou-me carinhosamente e fez-me deitar a cabeça sobre o seu colo, como fazia na minha distante infância. Acariciando-me os cabelos, indagou-me qual a razão do meu desconforto. Narrei-lhe, então, todo ocorrido daquele dia e o plano que eu havia arquitetado. Gostaria de pedir permissão para executá-lo.

Ela olhou-me com seriedade. Havia dor em seu olhar, mas ao mesmo tempo eu percebia uma nova luz, como se me percebesse agora de forma diferente, não mais como o seu menino, o filho caçula, a ovelha perdida que ela lutara tanto para resgatar. Agora havia respeito, admiração. Não sei como, eu conseguia ler tudo naquele olhar.

Elvira olhou-me profundamente nos olhos e, com a voz embargada, perguntou-me:

- Tens noção do que solicitas? Terás condição de viver no Porão sem enlouquecer? Desejas mesmo passar por tão acerba prova?

- É tudo o que mais quero, minha doce mãe! – respondi sem titubear.

Ela abraçou-me com alegria e disse:

- Filho, vejo que agora compreendes realmente os ensinos do nosso Mestre. Agora, aprendeste o verdadeiro sentido do amar. Sacrificar-se pelo bem do próximo, pensar no outro antes de pensar em si, essa é a verdadeira prática da caridade. Vai, meu filho, que os anjos te acompanharão. Não estarás só nessa jornada, embora devas saber que passarás por sacrifícios terríveis. Todavia, a tua alma se encontra pronta para beber desse cálice. – dito isso, abraçamo-nos a chorar.

Deixei os braços da minha mãe ainda em lágrimas, porque senti que, no ar, havia um perfume diferente, um perfume conhecido: flor de lis, característico da região de Santiago de Compostela. Era ela, Beatriz, a minha amada, que se encontrava ali, ao nosso lado, também a chorar de emoção. Abraçamo-nos demoradamente e aquele amplexo me causava uma emoção muito intensa, sentia-me envolvido por uma energia amorosa tão forte que me fez cair de joelhos.

Beatriz reergueu-me e, acariciando-me o rosto, declarou estar muito feliz, pois tal decisão ajudaria no meu adiantamento espiritual e tornaria menor a distância entre nós dois. Um dia, haveríamos de trabalhar juntos, unidos no amor do Cristo.

XIII - O Porão

Depois de algumas semanas de preparação, que incluía um tratamento com imposição de mãos para refazimento de energias, eu estava pronto para assumir o meu compromisso. Era hora de partir em auxílio aos que eu havia prejudicado e em busca da minha própria redenção espiritual.

Apesar das semanas de preparo quando, com o auxílio do dirigente e trabalhadores daquele abrigo, eu aprendera muito sobre o lugar, estava ansioso, temeroso se conseguiria suportar tão grande esforço. Sabia que corria o risco de enlouquecer naquele lugar. Mas era o que eu queria mesmo fazer e precisava. Lembrei-me de Jesus que, mesmo sem nada dever, submeteu-se a abandonar as belezas dos mundos celestiais e reencarnar na Terra, apenas por amor, para ensinar os homens a amar. E, diferente de Jesus, eu precisava daquilo. O meu sacrifício era para a minha própria redenção junto à Lei Divina. Então, não havia tempo para divagações. Muito trabalho e sacrifícios me aguardavam.

No dia do meu ingresso ao Porão, fui acompanhado por alguns Espíritos amigos, que seguiriam comigo até os portões daquele lugar sinistro. Entre eles se encontrava o meu irmão Petronius que, com grande carinho, exortava-me com palavras de ânimo e desejos de sucesso no empreendimento.

Chegamos, enfim, diante de imenso portão de ferro. Movi a pesada aldrava e abri-o com cuidado. Ao ultrapassar o pesado portal, o mesmo fechou-se atrás de mim com uma batida seca e forte. Agora eu me via sozinho diante de um escuro bosque de árvores desfolhadas de aspecto lúgubre, o ar era pesado e mal cheiroso, exalando odores de pântano. Uma permanente friagem enregelava-me o corpo e uma densa neblina não permitia que eu enxergasse muita coisa adiante.

Havia uma vereda por entre as árvores e eu comecei a caminhar com cuidado para não cair; o chão era escorregadio. Senti dificuldades de me equilibrar e só então percebi que eu mudara de aspecto fisicamente, estava coberto de andrajos e portava as feridas da lepra, tal como quando chegara na Casa de Lázaro terrena, em passado não tão distante.

De vez em quando, ouvia gritos de pavor, gargalhadas histéricas, imprecações, palavrões. O cenário era bem pior do que eu imaginava. Senti medo.

Depois de muito caminhar e não encontrar viva alma, sentei em uma pedra, a fim de descansar um pouco. Fechei os olhos e procurei fazer uma prece, permanecendo assim por um tempo. Quando abri os olhos, percebi que estava cercado de homens e mulheres, sujos e maltrapilhos como eu, que me olhavam com ar de curiosidade.

Um deles, um homem sujo e barbado, de aspecto horripilante, com as mãos em puro esqueleto, pois as carnes haviam sido comidas pela lepra, aproximou-se e falou:

- Então, chegou mais um novo habitante para o inferno! O chefe vai gostar de saber disso.

O grupo se aproximou mais e começou a me examinar mais de perto, fazendo perguntas. Quem era eu? Por que eu havia vindo para aquele lugar? O que eu pretendia? E entre perguntas, me agarraram e saíram me carregando, adentrando mais profundamente naquela escuridão, com uma algazarra infernal.

Por fim, chegamos a uma pequena vila, cópia fiel do leprosário, e me largaram no meio da praça. O aspecto do lugar era horrendo: promiscuidade, maldade, viciação, a mesma situação que eu encontrara tempos atrás, quando cheguei ao leprosário.

Deixei-me ficar na praça, pensando como deveria agir, pedindo inspiração a Beatriz. De repente, começou uma briga, alguns daqueles que lá se encontravam começaram a espancar uma mulher. Ao ver aquela situação, eu me ergui e sem muito esforço dominei os agressores, que saíram correndo, desaparecendo na densa bruma que envolvia o lugar. Algumas daquelas entidades, que eram escravizadas e massacradas pelos Espíritos mais nefandos, aproximaram-se de mim. Uns poucos me reconheceram, tinham sido meus companheiros no leprosário, ainda acreditavam estarem lá. Acercaram-se de mim cheios de queixas, pois a situação na Casa de Lázaro, segundo eles, havia piorado muito, desde que Agustin voltara a ser líder da região.

Então eu lhes contei que havia uma forma de sair daquele lugar. Um brilho de esperança acendeu os olhos daqueles irmãos tão desgraçados. - Como? Perguntavam-me. Onde estava o caminho da saída, já que eles haviam procurado por toda parte e não encontravam? Eu lhes respondi que a saída não era tão simples, era preciso que houvesse algumas mudanças naquele local. E a primeira coisa que cada um deveria fazer era ter fé na misericórdia de Jesus. Somente através da fé no Cristo conseguiríamos sair daquele local.

Ao ouvirem tais palavras, muitos se afastaram revoltados e zombando. Diziam não acreditar naquela estultícia, pois não podiam acreditar em um Deus que permitia que sofressem tanto. Se esse Cristo era tão poderoso, por que não os tirava daquele inferno? Percebi que não seria fácil fazer com que aquelas criaturas abandonassem os seus clichês mentais. Porém, os que me ouviram as palavras e as aceitaram, acercaram-se e pediram que eu falasse a respeito do Cristo e de como eles poderiam ter fé. Peguei o Evangelho de Mateus que havia levado comigo e abri no capítulo cinco. Comecei a ler o Sermão do Monte:

- Bem aventurados os pobres de espírito, porque é deles o reino dos céus!

- Bem aventurados os que choram, porque serão consolados!

- Bem aventurados os mansos, porque eles herdarão a Terra!

Fui lendo as bem-aventuranças e senti que muitos dos que ali estavam ajoelharam-se e começaram a chorar. Então lhes falei da misericórdia divina, da necessidade do amor ao próximo. Procurei lhes explicar que nós somos os únicos responsáveis pelo nosso sofrimento, pois Deus, que é amor e justiça suprema, não puniria os seus filhos injustamente. Se sofríamos era porque, em algum tempo, havíamos burlado a Lei de Amor e somente o arrependimento sincero e o desejo de reparar os erros cometidos nos tirariam daquele lugar de trevas e sofrimentos. Assim começou a minha pregação do Evangelho no Porão.

A cada dia, reuníamo-nos na praça e falávamos sobre Jesus e seus ensinamentos. Conversávamos sobre as nossas dores e medos.

Eu buscava falar de esperança, da necessidade de procurar ser bom, tentava demonstrar que, apenas pela caridade, que é a demonstração do amor ao próximo, poderíamos encontrar o caminho para sair daquele lugar.

As lições e conversas, o carinho e amizade foram lentamente conquistando diversos corações e a atmosfera densa aos poucos ia se modificando. Foram longos anos de pregação e auxílio. Aqueles que tinham condições de ser resgatados eram levados pelas caravanas de auxílio para as zonas de refazimento.

Ao tomar conhecimento da minha presença no Porão, Agustin, a princípio, não deu tanta importância ao fato. Eu era mais um a ficar sob o seu tacão. Apesar do episódio da minha chegada, quando defendi alguns irmãos da maldade daqueles que o seguiam, ele não me procurou e pareceu não se incomodar com a minha presença. Todavia, quando os Espíritos doentes do Porão foram sendo resgatados e a quantidade desses resgates aumentou significativamente, ele resolveu que era hora de me convidar para uma conversa.

Certo dia, após a costumeira reunião na praça, alguns dos homens de Agustin ME convidaram a segui-los a fim de encontrar o chefe para uma importante entrevista. Segui-os sem resistência. Na verdade, há tempos que eu esperava por essa conversa.

Encontrei- o em um grande salão, cercado de pesada mobília. Pesadas cortinas cobriam as janelas que davam para o exterior. A iluminação era escassa. Apenas percebi-o sentado em uma cadeira que se assemelhava a um trono.

Ao entrar, os seus homens saudaram-no com mesuras com que se saúdam os monarcas e obrigaram-me também a ajoelhar, batendo com um porrete na dobra das minhas pernas.

Agustin levantou-se do seu trono e aproximou-se de mim falando de maneira sarcástica:

- Como ousas chegar diante do teu rei e não o saudar de forma apropriada? Não sabes que aqui sou monarca? Todos aqui me devem obediência e adoração - disse ele. E prosseguiu:

- Sou o rei dos leprosos, estes são os meus domínios e, se aqui te encontras, deves-me adoração e obediência! Reconheces-me como teu superior, teu senhor e teu monarca? – perguntou com superioridade, pisando-me as mãos.

- Aqui me encontro como teu irmão em Jesus Cristo, único senhor e monarca deste mundo, e a ti eu devo amor, compreensão e solidariedade! – foi o que respondi, calmamente.

Uma bofetada no rosto me atirou ao chão. Essa foi a resposta de Agustin.

- Negas-te a me reconhecer como o teu superior e isso é subversão! Sei que estás aqui para medir forças comigo, vieste resgatar aqueles que, há muito tempo, estão sob o meu domínio. Desde a época da nossa existência na Terra eu já sentia que não podia confiar em ti. Tomaste-me a liderança na Casa de Lázaro, juntamente com aquela infeliz a quem tu fizeste esposa. Mas aqui será diferente! Não ouses competir comigo! - gritava a minha antiga vítima, babando de ódio.

Seus comparsas me prenderam e levaram para um local escuro e lodoso, uma masmorra, deixando-me lá por vários dias.

Eu bem poderia ter saído de lá, se assim quisesse. Em nenhum momento tive medo, sentia a forte presença de Beatriz a meu lado, pelo suave perfume de flor de lis.

Passado algum tempo, fui novamente levado à presença do meu opositor. Encontrei-o furioso, pois apesar das pregações do Evangelho terem sido proibidas e suspensas, muitos Espíritos continuavam sendo resgatados pelas caravanas para se abrigarem nas zonas de refazimento.

Ele, desta feita, agiu diferente, oferecendo-me parceria no comando do Porão. Em troca, eu deveria convencer os Espíritos a não acompanharem as caravanas de resgate. De imediato pensei em recusar a oferta, mas uma voz interior me fez aceitá-la. Não, eu não iria ajudá-lo a escravizar os Espíritos, era apenas uma estratégia para me aproximar de Agustin, de ganhar a sua confiança e amizade e, assim, eu teria uma chance de auxiliá-lo.

Por um tempo, os resgates deixaram de acontecer, e o chefe do Porão acreditou que eu realmente me tornara seu aliado.

XIV - A História de Agustin

Agustin era um homem amargo e de poucas palavras. Nunca contava nada sobre o seu passado. Estava sempre mal humorado, reclamando de tudo. Parecia ter uma pedra em lugar do coração. No entanto, às vezes eu o flagrava com o olhar distante, cheio de tristeza. Todavia, a esse estado de espírito seguia-se o de endurecimento e cólera.

Certa feita, ao flagrá-lo em um desses momentos de tristeza, indaguei-lhe o que o fazia alongar o olhar e ficar triste. Surpreendentemente, ele me respondeu:

- São lembranças de um tempo que eu não consigo precisar. Sentimentos estranhos, rostos de pessoas queridas que eu não sei quem são, mas que me trazem esse sentimento estranho de saudade e tristeza.

Pedi-lhe que me contasse sobre sua vida. Ele olhou-me longamente e começou a contar:

- Nasci em uma família abastada, meu pai era comerciante de azeite, na cidade de Oviedo, região das Astúrias, no norte da Espanha. Na mocidade, tive uma vida desregrada, entregando-me aos prazeres do vinho e das festas. Viajei muito para entregar as cargas de azeite nos portos das cidades litorâneas. Ainda jovem, com cerca de 30 anos, adquiri a lepra e fui mandado para a Casa de Lázaro, em Santiago de Compostela.

A sua doença tinha sido causa de muita vergonha para os familiares, que o abandonaram naquele lugar. Tal situação lhe trouxera amargura e revolta e ele deixara de acreditar nos valores de família, passando a explorar as pessoas, por puro ódio. E assim permanecia, mesmo depois de morto.

Ele confessou que sentia revolta porque não tivera tempo de constituir família. Não pudera se casar e nem tocar os negócios da família. Com relação àquelas lembranças dos rostos queridos que lhe traziam tristeza e saudade, ele não encontrava explicação para tal fato. Mas não importava, ele agora era poderoso e todos o temiam. Então, eu ponderei:

- Você tem uma legião de pessoas que o temem, mas não gostaria de ter alguém que o amasse? Não sente falta de um amor sincero?

Agustin endureceu a face e seus olhos ficaram frios e mortos, como olhos de um tubarão. Não respondeu a minha pergunta, apenas saiu do salão onde nos encontrávamos e foi explodir a sua ira sobre as outras pessoas que ficavam sob a sua ordem. Não seria fácil amolecer aquele coração endurecido durante tanto tempo.

O tempo passava e, sempre que possível, eu procurava levar Agustin à reflexão e buscava despertar a sua curiosidade pelas imagens e lembranças que ele não conseguia entender nem explicar.

Certa noite, ele teve um pesadelo e gritou palavras desconexas. Falava de martírio, pedia perdão por haver abandonado alguém, chamava por pessoas. Acordou trêmulo e suado e não conseguiu dormir o resto da noite. Pela manhã, ainda estava perturbado e agressivo. Deixei-o com seus pesadelos e rancores e fui cuidar das minhas atividades no Porão. Longe de que ele adivinhasse, ainda pregava o Evangelho para os irmãos perturbados, aplicava-lhes imposição de mãos, de forma que algum auxílio chegasse àquelas almas dementadas.

Os pesadelos foram ficando cada vez mais frequentes. Sem que ele soubesse, o seu próprio passado vinha encontrá-lo, exigindo resgate e, cada vez mais, ele ficava perturbado.

Certa feita, mandou me chamar em sua sala. Caminhava de um lado para outro, tal qual fera acuada. Quando me viu, olhou-me com olhos de falcão, como se perscrutasse a minha alma em busca de uma resposta. Em seguida, indagou:

- O que tem você a ver com esses sonhos e visões que tenho tido ultimamente? Desde a sua chegada, esses sonhos e visões passaram a acontecer com mais frequência. É algum feiticeiro? Acaso está a me enganar para tomar o meu poder? Bem sei que tem algum poder, pois muitos foram os Espíritos que daqui saíram pela sua mão.

- Não sou detentor de poder algum. Somente penso que é o momento de resgatar os erros do passado, que bate à porta de sua consciência, tal qual batera à porta da minha. Essa é a razão da minha presença aqui. Por que se nega a olhar para esse passado?

Naquele instante, três entidades adentraram aquele ambiente. Eram três mulheres, uma senhora mais velha e duas mocinhas que a acompanhavam. Ao perceber a presença daqueles Espíritos, Agustin entrou em estado de profundo hebetamento e caiu ajoelhado no chão, chorando convulsivamente. Nesse momento, o passado retornava à sua memória com toda força.

Foram, aquelas entidades, esposa e filhas de Agustin em um passado longínquo, na Roma Antiga, no século III.

Era ele Abiel, um judeu que vivia do comércio de frutas na antiga Roma. Era casado com Basya, uma bela morena de pele macia, cabelos negros como azeviche, que desciam pelos seus ombros em pesadas cascatas de cachos. Havia ainda as duas filhas: Ashira e Dinah, lindas jovens de 14 e 12 anos, tão belas quanto a mãe.

Abiel, entretanto, não era um bom esposo. Gostava da vida de dissipações. Muitas vezes, gastava todo o dinheiro ganho nas termas e piscinas junto a mulheres de má vida. Procurava comportar-se como um romano e não vivia segundo as prescrições de Moisés. A família sofria por conta do seu comportamento e, frequentemente, passava necessidades, não tendo, às vezes, o próprio pão para o alimento. Os vizinhos, compadecidos, muitas vezes socorriam aquelas pobres mulheres em suas necessidades, vítimas de um marido e pai egoísta.

Por influência de vizinhos, a família de Abiel conheceu a doutrina do Cristo e tornou-se cristã. Basya era uma mulher de fé profunda e de um espírito nobre. Ela e as filhas passaram a assistir às reuniões secretas para ouvir os ensinamentos de Jesus, conhecer a sua história e ter contato com aqueles que falavam sobre os apóstolos primeiros. Ela tinha uma grande admiração por Maria, a mãe do Cristo, por todas as dores que esta havia passado ao ver o seu filho, que é o salvador do mundo, ser crucificado como um malfeitor qualquer. Aquela história falava profundamente ao seu coração de mãe.

Abiel soube da conversão de Basya e suas filhas à doutrina cristã, mas não se importou com isso. Desde que não viessem lhe pedir algum dinheiro, podiam seguir o que quisessem.

Quando soube que sua mulher e filhas haviam sido flagradas em uma reunião secreta e presas por causa disso, ele achou melhor não se envolver no caso. Por certo logo as soltariam. - Que perigo poderiam constituir três pequenas mulheres? Pensava ele, irresponsavelmente. Porém, o processo ganhou vulto e todos os que foram presos naquela situação foram condenados a morrer nos espetáculos do Coliseu Romano. Serviriam de refeição para os famintos leões de Caio Méssio Quinto Décio, o Imperador Romano, famoso por seu ódio aos cristãos e pela sua crueldade.

Abiel soube que a esposa e suas filhas seriam sacrificadas naquele dia, mas nada tentou fazer em favor delas. Não iria correr o risco de ser preso também. No íntimo, sentia até um certo alívio em não as ter mais junto a si. Livrava-se de um fardo que carregava com má vontade.

Ele resolveu ir ao Coliseu, uma curiosidade mórbida o impelia a assistir a tão horrendo espetáculo. Como se trajava como romano, não teve dificuldades em adentrar naquele teatro de horrores. O que ali presenciou era a imagem da crueldade, algo que ficava além da imaginação humana: pessoas sendo despedaçadas pelas feras, sem qualquer chance de defesa. E, para iluminar o espetáculo, tochas humanas. Crianças besuntadas em azeite e atadas aos postes. Gritos de horror misturados aos rugidos das feras. Gargalhadas histéricas dos espectadores de corações enrijecidos pela maldade.

Aquelas cenas o chocaram fortemente. Apesar de leviano, ele não tinha temperamento para suportar aquelas cenas de tamanha perversidade. Procurou sair daquele teatro de horrores. Mas ao caminhar por entre aquela mole humana que vibrava com a ferocidade dos animais, ouviu de algum espectador que a ideia de utilizar as tochas humanas havia sido de Herênio Etrusco, o filho do próprio César. Aquele nome ficou gravado em sua mente. Apressou-se por sair dali, a náusea lhe embrulhava o estômago, pois o corredor por onde passava era iluminado pelos corpos carbonizados, sendo possível, em alguns destes, reconhecer as feições de algumas daquelas crianças sacrificadas.

Por alguma razão, o olhar de Abiel ergueu-se e ele se viu frente ao poste onde o corpo de Dinah era consumido pelas chamas. O ódio a figura de Herênio Etrusco ficou encerrado em seu coração. Os caminhos de Abiel e do filho de César nunca se cruzaram naquela existência, mas o ódio no coração de Abiel algemou a sua alma à minha. O reencontro para nós seria inevitável. Só a redenção daquele ódio pelo perdão daria paz às nossas almas. Era chegado o grande momento da verdade.

Quando ele conseguiu voltar a si, não via mais em mim a imagem de Galindo, o guerreiro leproso, mas a figura do seu desafeto dos tempos romanos.

- Quem sois? O que tens a ver com toda essa triste história? - indagou Agustin?

- Eu sou o teu irmão, Herênio Etrusco, que venho convidar-te à redenção dos nossos erros, devolvendo-te ao coração aquelas criaturas que, por maldade e cegueira do poder, eu te subtraí.

- Então és tu o covarde infame! Odiei-te a vida inteira e por isso te odiava, sem saber por que, nessa vida atual. Como ousas me falar em perdão, depois de tamanha covardia? Não deverias tu estar queimando no inferno todas as tuas maldades? Como podes estar aqui e ladeado pelas tuas vítimas? – perguntou, jogando-me insultos no rosto.

- Irmão Abiel, o inferno por muito tempo comburiu a minha alma. E muito lamentei os males que causei aos inocentes que, por minhas ordens, foram sacrificados. Mas a misericórdia do Cristo é tão grande que me permitiu trabalhar e buscar resgatar, pelo amor e dedicação, todo esse passado de crimes infames que eu trago nas costas. Ficar estagnado na culpa não é produtivo para ninguém. Quando encontramos um incêndio, o que devemos fazer é combatê-lo, e não o alimentar com o combustível. A tua esposa e filhas são Espíritos nobres, que souberam vencer o ódio e o desejo de vingança porque já haviam conhecido o amor do Cristo antes da morte física naquele cenário de horror. Nós, porém, fechamos os nossos olhos ao Seu amor e por isso tivemos que nos reencontrar na dor, sofrer a decomposição da carne em vida causada pela lepra, sofrer as humilhações e necessidades. Porém, tudo é passado. Agora, temos a escolha em nossas mãos. Podemos escolher o perdão e continuar na caminhada para o bem ou permanecer no ódio e na culpa, afundando-nos no charco do sofrimento.

Após fazer breve pausa para recobrar um pouco de coragem, prossegui:

– Vem, irmão! Estendo-te a minha mão, vem descansar de tanta dor e ódio ao lado daquelas que, mesmo abandonadas por ti, nunca deixaram de te amar – disse eu, abrindo o meu coração àquela alma perturbada.

Agustin, o antigo Abiel, com a alma ainda envenenada de ódio, não me ouviu o apelo e dizendo palavrões e impropérios, amaldiçoando-me, negou-me o perdão. Nesse instante, todo cenário se modificou. Eu e meu desafeto fomos levados a um pântano horrível, penumbroso e fétido. Descêramos às regiões mais profundas do Porão. Agora estávamos os dois presos naquele inferno.

A reação dele foi de revolta e desespero. Gritava revoltado, dizendo não merecer tal castigo, pois era vítima e não algoz. Falava de injustiça, que deveria ser premiado, retomar o comando da Casa de Lázaro. Eu permaneci calado, em oração. Sentia a presença de Beatriz junto a mim, sabia que tudo aquilo era parte do processo de recuperação daquele que, um dia, fora vítima do meu orgulho e inconsciência.

Por eu estar ao seu lado, ele me ofendia, acusava, tentava me agredir, porém uma força superior o amarrava. Perguntava o motivo de eu estar ao seu lado, mesmo sendo insultado, e mandava-me embora. Depois de um tempo, que me pareceu eterno naquela situação, Agustin cansou, entrou em um abatimento terrível. Ficou prostrado, sem reação e, por fim, adormeceu.

Já haviam se passado cerca de três anos terrestres desde que fôramos atraídos para a zona mais profunda do Porão. Durante todo o tempo, eu permanecera junto ao meu desafeto, sempre em silêncio e em preces. Sentia a presença espiritual de Beatriz e de Elvira ao meu lado, dando-me forças para suportar aquele sofrimento. Nesse tempo inteiro, apenas a prece e um pouco de água era o que me sustentava. Naquele local, não havia luz do sol; a noite penumbrosa era uma constante. Não havia nada que pudesse ser usado como alimento, mas nas andanças que fiz, acompanhando os passos loucos do meu companheiro de infortúnio, encontrei uma pequena fonte de água cristalina e ambos, sedentos e cansados, permanecêramos junto a tal tesouro, naquele lugar infernal.

Eu não sentia medo. Apesar de todo horror do lugar, dos gritos de ódio, das imprecações, dos urros de pavor, das sombras fantasmagóricas que passavam por nós, eu me mantinha sereno. Aquela água tinha o milagroso poder de saciar a fome e acalmar. Lembrei-me dos dias em que vaguei perdido pelo deserto do Sinai e da fonte de água que encontrei no Cairo. Lembrei-me da bondade do amigo Ahmed, que me acolhera como a um filho. Apesar do sofrimento, eu não fora desamparado em momento algum. Não seria diferente agora.

Enquanto pensava nessas coisas, percebi que uma pequena luz vinha, lentamente, se aproximando de nós. Poucos instantes depois, notei que uma pequena caravana vinha ao meu encontro. Qual não foi a minha grata surpresa ao perceber que o líder da caravana era o próprio Ahmed! Bem mais novo e disposto do que quando eu o conhecera. Mas era ele!

Que alegria aquele reencontro! Abraçamo-nos como pai e filho que não se viam há muito. Chorei emocionado ao ver que o meu antigo salvador voltava e, novamente, vinha nos salvar e resgatar daquele local tão terrível. O meu companheiro de infortúnio nada percebeu, continuava adormecido, inconsciente.

Fomos levados em lombos de camelos de volta para o hospital da Casa de Lázaro. Agustin ficou retido nas câmaras de recuperação, aos cuidados de enfermeiros e eu, depois de algumas horas de refazimento energético pela imposição de mãos e exposição a luzes coloridas, estava refeito e pude voltar para casa. Haviam se passado 170 anos terrestres desde a minha descida ao Porão. A minha tarefa naquele lugar estava concluída.

Ao chegar em casa, fui recebido por todos com muito carinho. Cumprira a minha missão. A recuperação de Agustin agora era sua responsabilidade. Ele haveria de despertar e receber esclarecimentos, e a presença da esposa e das filhas iria auxiliar. A minha parte estava cumprida. Eu estava redimido perante aquela alma.

Para abrilhantar ainda mais a minha alegria, recebi a visita de Beatriz. Desta vez, por alguns dias, pude tê-la a meu lado. Conversamos sobre o futuro e sobre as tarefas que me aguardavam. Havia ainda muito a fazer, o trabalho de amor não tem fim. É pelo trabalho e estudo e, sobretudo, pela doação de amor, que evolvemos.

XV - Novas Tarefas

Segui adiante com meu trabalho, resgatando os leprosos desencarnados que precisavam ser abrigados na Casa de Lázaro. Nem sempre a doença física termina com a morte do corpo, e aqueles que desencarnam revoltados ou com a forte impressão da doença permanecem doentes, com as mesmas deformações da morfeia no perispírito, necessitando de largo tempo para o refazimento. O tratamento se dá à base de educação evangélica, fluidoterapia e, algumas vezes, intervenções cirúrgicas espirituais.

Passaram-se numerosos lustros e a lepra na Terra, por fim, foi arrefecendo. Com a descoberta dos antibióticos, a doença perdeu a sua letalidade. Porém, o trabalho de socorro nunca cessa. Pode mudar de feição, mas em um mundo provas e expiações, os Espíritos socorristas sempre têm à sua frente muito trabalho a fazer.

Chegamos ao século 20 e uma nova doença passou a se configurar como terrível epidemia, principalmente após a segunda metade do século: a toxicomania.

Desde há muito se sabia que o uso de substâncias estupefacientes prejudica sobremaneira o Espírito. O vício não finda com a morte do corpo, prossegue também na vida espiritual, agrilhoando os viciados a uma furiosa necessidade das sensações causadas pelo álcool, fumo e outras substâncias entorpecentes. Porém, a situação agora tomava e ainda toma caráter de epidemia, principalmente após o triste episódio da Guerra do Vietnã e do festival de Woodstock na América do Norte.

O uso de cocaína, de heroína e de ácido lisérgico, a toxicodependência, a partir da segunda metade desse século, tomou feição epidêmica. Tal situação passou a ser motivo de lástima, pois a quantidade de jovens que passou a desencarnar vítima do uso de drogas ou por consequência destas aumentou em ordem exponencial.

Envolvido na tarefa de socorro, fui convidado por Beatriz a me dedicar, agora, ao socorro das almas dos viciados. Esta é uma tarefa que exige da espiritualidade um esforço hercúleo, devido ao estado deplorável com que esses Espíritos chegam ao mundo espiritual.

- O problema está longe de ter solução. A falta de educação espiritual e a valorização das coisas materiais em detrimento dos valores morais são as principais causas de tal problemática – lamentou Beatriz.

Eu aceitei o convite com satisfação. Chegara, afinal, a oportunidade de trabalhar junto à minha amada, embora estivéssemos em escala hierárquica e em funções diferentes. Todavia, era preciso que eu conhecesse bem os efeitos das drogas sobre o períspirito a fim de que pudesse dar uma contribuição de valor. Expus essa questão a Beatriz, que se prontificou a me trazer as informações e ensinamentos necessários.

Alguns dias após a nossa última conversa, a minha esposa veio até a nossa domus para me convidar para uma pequena viagem. Iríamos para região que ficava na crosta terrestre, onde jovens, vítimas da desencarnação por abuso de drogas, eram recolhidos e recebiam os primeiros tratamentos. Seguimos naquele mesmo dia junto a uma grande caravana de seareiros do bem que também se preparava para engrossar as fileiras dos voluntários no combate às drogas. Para minha agradável surpresa, o amigo Ahmed também fazia parte daquela caravana. Abraçamo-nos mais uma vez com grande alegria. Eu sentia que havia uma ligação anterior com aquele homem. Não poderia ser obra do acaso toda história que nos envolvia e a simpatia e sintonia que havia entre nós.

Seguimos rumo à Terra em naves movidas à luz solar, que eram formadas por um material brilhante que refletia toda luz recebida e se tornava invisível aos olhos humanos. Chegamos ao antigo lar ao anoitecer. A nave pousou sobre as águas do Oceano Pacífico e, através da volitação, alcançamos a terra firme em poucos segundos. Chegamos a uma praia na cidade de Los Angeles, no Oeste dos Estados Unidos da América; a praia de Santa Mônica, uma linda praia de areias muito brancas. Aguardamos por algumas horas, naquele local, para começar a tarefa motivo da nossa viagem.

Quando a cidade foi dormir e o lugar ficou deserto, começaram a chegar muitas entidades; Espíritos socorristas que traziam, carregados em macas ou mesmo segurando pelo braço, Espíritos doentes, que demonstravam terrível aspecto. Alguns, em total estado de demência, convulsionavam com frequência. Outros, presos a terríveis alucinações, viam monstros e gritavam aterrorizados. Todos traziam deformações monstruosas em seus períspiritos: enormes feridas, atrofia de membros, deformidades e excrescências.

Fomos ao encontro do grupo. O chefe da equipe, um homem alto, de boa aparência, recebeu-nos com cordialidade. Seu nome era John Carter, havia sido médico psiquiatra na sua última existência terrena; dedicava-se, agora, ao trabalho como socorrista.

Carter nos explicou que os doentes eram trazidos à praia para receberem os eflúvios marinhos. Isso ajudava no tratamento de desintoxicação do perispírito. Fiquei atônito com aquela informação. Como poderia uma substância química intoxicar também o corpo espiritual? Percebendo a minha surpresa, o próprio Carter explicou:

- As drogas psicotrópicas são veiculadas pela corrente sanguínea, também sendo absorvidas pelos tecidos pulmonares, e agem intensamente sobre o tecido nervoso, interrompendo ou modificando as sinapses cerebrais. Tais células e sistemas têm estreita ligação com os centros de força que, ao receberem as cargas desequilibradas dos plexos neuronais, modificam a sua rotação, causando ingurgitamento do fluido quando a rotação é retardada ou até mesmo paralisada, fato que provoca grandes tumorações no tecido perispirítico ou escassez fluídica, quando a rotação é acelerada, o que provoca as feridas nos tecidos citados. Além das deformações perispirituais, a ação dos vampiros leva o viciado à loucura. A síndrome de abstinência das substâncias estupefacientes causa tamanho desequilíbrio que pode levar o corpo espiritual ao estado ovóide. Esse é o estado de maior gravidade - explicou o socorrista.

Depois de uma breve pausa, prosseguiu:

- O tratamento para tal doença é muito complexo. Uma vez que tais Espíritos são suicidas involuntários, além de sofrerem com os efeitos das drogas, sofrem também os efeitos da desencarnação prematura. Muitos são capturados por Espíritos vampiros, viciados que os perseguem durante a vida física, locupletando-se junto deles com os efeitos das drogas, e tornam-se escravos desses irmãos equivocados, também sofredores. A nossa ação se limita àqueles irmãos que, cansados da dor, solicitam o auxílio, pedem a cura. Sem o desejo de curar-se, não podemos e nem devemos agir, pois o livre-arbítrio deve ser respeitado acima de tudo. Nesses casos, o tratamento requer o reequilíbrio físico através da fluidoterapia e, em algumas situações, até mesmo tratamento cirúrgico e o reequilíbrio espiritual, que é feito através da terapia com o Evangelho.

O médico convidou-nos a examinar os pacientes que ali se encontravam. A situação daquelas entidades era lamentável. Espíritos vítimas do álcool, do tabaco e das drogas ilícitas. Desencarnados em todas as idades, que se apresentavam tanto na expressão masculina quanto na feminina.

Os alcoolistas apresentavam imensos ventres protuberantes, exalavam vapores alcoólicos, mantinham-se prostrados, em estado de semiconsciência. Os tabagistas asfixiavam-se em acessos de tosse, apresentavam manchas escuras na região pulmonar e convulsionavam entre caretas de pavor. Os cocainômanos eram nervosos, espásticos, apresentavam o rosto com terríveis deformações nas quais a área buco-nasal era carcomida; semelhante às lesões da morfeia em estado avançado. Já os viciados em heroína, morfina e ópio se encontravam em terrível estado de hebetação. Em todos os casos, a maioria daquelas entidades sofria com horrendas alucinações, resultado da ligação mental com as entidades de quem se tornaram escravas.

Havia um grupo de viciados que causava ainda mais horror e espanto: os viciados em crack, um subproduto da cocaína. Essa droga, surgida por volta de 1980, é a que maiores deformações causa ao perispírito. Feridas e tumorações de aspecto horrendo que assemelha o viciado a um hanseniano. Daí ser conhecida, na Espiritualidade, como a lepra da modernidade.

A tarefa de socorro nos casos dos viciados é realmente penosa e de grande responsabilidade, pois ainda longe se encontra a solução para o fim do vício na Terra.

Em meio àquele grupo de Espíritos em situação tão lamentável, um deles chamou-me atenção em especial. Tratava-se de uma jovem de compleição franzina, longos e desgrenhados cabelos castanhos. Vestia-se à moda hippie, tão comum dos anos 1970. Apresentava terrível abatimento e, vítima de alucinação constante, gesticulava como se tocasse uma guitarra ou violão, cantando uma música de harmonia destoante e desagradável com uma voz rascante. A canção falava em fugir de um mundo de desamor, de abandono e revolta. Percebendo o meu interesse por ela, o socorrista prestamente esclareceu que aquela jovem havia sido famosa cantora de rock na América do Norte entre os anos 1960 e 1970. Havia desencarnado por overdose de heroína misturada ao álcool. Apesar de mais de dez anos haverem se passado da sua desencarnação, ela ainda permanecia sob alucinação, sem perceber que não mais se encontrava entre os encarnados de sua época. Já estivera em situação pior, vítima de vampiros terríveis, mas havia sido resgatada há algum tempo. Porém, apesar de todo tratamento fluidoterápico, nenhuma consciência ainda demonstrara. Por vezes, era acometida por convulsões violentas e depois jazia em sono profundo durante dias.

Fiquei a pensar, com tristeza, na juventude que se perde nas drogas. Tantos talentos desperdiçados, tantos Espíritos que chegam do lado de cá em deplorável estado, suicidas que precisarão de muitas encarnações, muitas vezes em estado de restringimento físico, para recuperarem a saúde espiritual. Não é à toa que os quadros de alergias, doenças autoimunes, dos cânceres têm cada dia aumentado na Terra. Também não é à toa que a recrudescência de doenças como a tuberculose, as doenças sexualmente transmissíveis estejam retornando com uma gravidade muito maior pois os agentes patogênicos se apresentam resistentes aos antibióticos, que antes os dizimavam. O vício das drogas leva a consequências inimagináveis e de muita gravidade.

Fui tirado dos meus pensamentos pelo chamado de Beatriz para que acompanhássemos o doutor Carter à instituição que abrigava aqueles doentes. Fomos levados a um hospital da cidade de Los Angeles, existente ainda na atualidade e que, em sua contraparte espiritual, é o local que abriga e trata tais Espíritos naquela região. É uma imponente construção de vários prédios, que faz parte do campus de grande universidade daquela cidade.

A sua parte física foi construída em 1955. O hospital atende a adultos e crianças em várias especialidades, inclusive o atendimento em psiquiatria. É interessante que se perceba que todas as instituições de saúde, além da parte física, possuem também a sua dimensão espiritual, que abriga os Espíritos que desencarnam naqueles locais, além de outros doentes, que para lá são conduzidos quando precisam de internamento para melhoria das condições perispirituais.

Locais reservados para o atendimento de Espíritos vítimas do suicídio, intencional ou não, por conta do uso de drogas, passaram a existir a partir da década de 1950. A explosão do uso das drogas exigiu essa tomada de providência da Espiritualidade. Atualmente, são muitas as instituições espalhadas pelo planeta que se dedicam a esse trabalho. Essa que visitávamos era uma das pioneiras.

O hospital era composto por um conjunto de prédios de vários pavimentos. Havia a área ambulatorial, em que eram feitos os primeiros atendimentos dos desencarnados, que eram classificados encaminhamento aos setores onde deveriam receber os cuidados necessários. Os doentes eram divididos de acordo com o tipo de vício e da gravidade do caso. Aqueles que se encontravam em total estado de loucura iam para as unidades de tratamento intensivo. Havia os casos cirúrgicos, de Espíritos que tinham chips implantados em seus centros coronários e esplênicos, para que pudessem ser controlados pelos vampiros. Dessa forma, podiam induzir os viciados a sentirem o desejo de usar a droga para que pudessem se locupletar no vício. Havia ainda o setor que cuidava dos casos especiais dos Espíritos ovoides. Nesse caso, as entidades eram enviadas para os departamentos de reencarnação. Para esse tipo de problemática, é indicada uma reencarnação breve, em condições de restringimento mental e físico, para que as vibrações perispirituais sejam harmonizadas, possibilitando um futuro tratamento em bases menos sofridas.

Como se percebe e nos ensinam os Espíritos, o objetivo da encarnação é a perfeição espiritual, mesmo que, muitas vezes, essa experiência se dê de forma expiatória (vide a questão 132 de O Livro dos Espíritos). E esse é o caso dos ovóides, Espíritos que perdem a forma humana por cultivarem o monoideísmo. O uso das drogas leva ao monoideísmo; a subjugação ao vício leva o viciado a pensar unicamente em conseguir as sensações que obtém com o uso do entorpecente. As reencarnações dessas entidades são consequência das suas ações pretéritas, expiatórias. Porém, chega para todos a libertação, em que poderão prosseguir na estrada do aprendizado e viverem dias mais felizes.

A situação que mais me chamava atenção, no entanto, ainda era a dos viciados em crack, pela semelhança com a dos hansenianos terrestres. Esses Espíritos têm seus perispíritos deformados por chagas e tumorações de aspecto horrendo. São vítimas do monoideísmo, degradam-se de forma rápida e avassaladora.

Por ter sido vítima da hanseníase, eu me senti próximo a esses irmãos e decidi que gostaria de trabalhar com eles e por eles. Seriam os novos leprosos da modernidade que eu acolheria e a quem daria minha contribuição, trazendo-lhes as lições imorredouras do Evangelho do Cristo. Senti no peito a piedade e o desejo sincero de poder me dedicar a eles, rogando a Jesus e a sua mãe, Maria, que tem um amor especial pelos suicidas, que me iluminassem a fé e a vontade para prosseguir naquela difícil jornada.

Foram dias de grande aprendizado aqueles que passamos naquela grande instituição socorrista. Tivemos oportunidade de trabalhar junto aos doentes pregando e aplicando a imposição de mãos. Adquirimos experiência sobre como nos relacionar com aquelas almas enfermas; aprendemos, sobretudo, a nunca julgar, pois todo aquele que se perde no vício é digno de amor e compaixão. Mesmo os que cometem crimes para conseguir manter o vício devem ser tratados com compreensão e respeito. Não é nossa tarefa reprovar-lhes as atitudes, porém, acolhê-los e ajudá-los a se curar.

Uma coisa que aprendi relativamente ao motivo que leva uma pessoa ao uso das drogas é que nem sempre é um problema da existência atual. Alguns trazem, no corpo perispiritual, as marcas da tendência ao vício, consequente do abuso em vidas passadas. Isso explica o fato de pessoas terem mais facilidade de se viciar do que outras. A Ciência diz se encontrar na hereditariedade a explicação para tal problemática. É certo que se encontrará no material genético alguns genes que predisporiam estes indivíduos ao vício, que se desenvolveria acrescentando-se a essa predisposição fatores sociais e comportamentais. Todavia, é necessário que se mergulhe mais fundo na questão com relação às causas dessas marcas genéticas, pois em um mesmo grupo familiar, um irmão pode ter o gene "gatilho" da drogadição e o outro irmão não o possuir.

A questão da hereditariedade é explicada, na ótica espiritual, pela afinidade entre os comparsas de vícios de existências passadas, que retornam no mesmo núcleo familiar para, juntos, resgatarem o passado delituoso. O corpo físico traz desenhado, nos genes, as marcas vivas das nossas ações do passado.

XVI - As Novas Tarefas da Casa de Lázaro

Após dois anos de aprendizado naquela instituição, Beatriz acenou que era hora de retornarmos ao nosso plano espiritual. Novas tarefas nos aguardavam na Casa de Lázaro.

Despedimo-nos dos novos amigos que havíamos conquistado e voltamos para a nossa colônia. Ao chegar, fomos recebidos com muito carinho por Elvira, que nos recepcionou com uma linda festa. A nossa domus se encontrava enfeitada por belíssimas guirlandas de flores, jovens vestidas ao estilo romano dedilhavam harpas tocando músicas maviosas. Havia um suave perfume que se espalhava no ar, tornando o ambiente agradável e relaxante. Reunido com Elvira, Beatriz e meus irmãos, passamos momentos agradáveis, relembrando velhas histórias, aproveitando aqueles momentos de alegria.

Mais tarde, após as festividades de recepção, Elvira convidou-nos ao trabalho. Já era hora de retomarmos às nossas atividades na Casa de Lázaro. Muito trabalho nos esperava.

A Casa de Lázaro estava diferente. Durante o período em que estivemos fora, Elvira havia realizado reformas, o prédio havia sido ampliado para atender ao grande número de espíritos que eram encaminhados para a instituição. A casa agora atendia aos desencarnados que sofriam a terrível doença do vício nas drogas. E eram tantos, ou melhor, são tantos!

Para atender às necessidades dos novos pacientes, foi preciso fazer adaptações, reformas, novas alas foram criadas. Grandes salões de enfermarias divididos em alas masculinas e femininas atendem aos que precisam de tratamento medicamentoso. Há também alas dedicadas aos internos que precisam de tratamento psicoterápico, pequenos chalés situados em um bosque de altas árvores, lindos jardins floridos que convidam à reflexão. Encontramos ainda um setor destinado à laborterapia, onde funcionam oficinas de arte, escolas de música, setores de jardinagem e outras atividades que mantêm a mente do paciente ocupada com atividades sadias e educativas e templos religiosos onde o paciente pode professar a sua fé. Há ainda as unidades de terapia intensiva e o porão para os quadros mais graves. Eu fui encarregado do trabalho de evangelização. Atenderia às enfermarias, aos templos e também ao porão.

Começamos o trabalho naquele mesmo dia fazendo uma pequena palestra sobre a justiça das aflições, tecendo considerações sobre o capítulo V de O Evangelho Segundo o Espiritismo. A palestra era dirigida aos internos que estavam em tratamento psicoterápico. Foi realizada em pequena praça que faz parte da vila de chalés, no centro da qual há um gracioso anfiteatro, com arquibancadas feitas de mármore verde; belos vasos ornados de rosas multicores espalham-se no palco do anfiteatro. As pessoas sentadas nas arquibancadas ouviam, atentas, à explanação que nos era inspirada do mais alto, sobre o motivo do sofrer. Não há vítimas, pois Deus é justo. Somos nós quem escrevemos no livro em branco do nosso destino as histórias alegres ou desditosas que certamente teremos que vivenciar. Buscávamos levar aqueles irmãos a refletir sobre a necessidade de escolha de novos caminhos, novas metas de vida, baseadas no amor ao próximo, no perdão, no trabalho edificante. A revolta e a autopiedade não são atitudes mentais produtivas e cada vez mais nos enovelam nos amargores da expiação. Somente a firme vontade de se curar, a esperança tomada como flâmula, o amor a Deus, ao próximo e amor a si próprio alargaria o nosso caminho em direção à plenitude.

Após a nossa fala, luzes que se assemelhavam a pequenos vagalumes envolveram a todos, trazendo uma sensação de paz e aconchego. O Pai sempre nos responde aos apelos amorosos com chuvas de bênçãos e de luz.

O dia se findava. Como de costume, reunimo-nos no salão da prece para agradecer aos bons Espíritos as bênçãos e o aprendizado. Após a bela prece, proferida por Elvira, voltamos para a nossa domus.

Aquela foi uma noite especial com as novas atividades da Casa de Lázaro. Foi permitido à minha amada esposa Beatriz juntar-se à nossa família e agora eu a tinha comigo. Apesar de ser um Espírito moralmente mais elevado, ela havia pedido por missão também auxiliar os novos leprosos da modernidade. Juntamente com Elvira, a minha esposa está à frente dos trabalhos de recuperação desses Espíritos sofredores que aqui aportam em condições tão dolorosas. Desde então, seguimos juntos, em uma linda história de amor, cumplicidade e sintonia.

O amor no mundo espiritual é sublime. Distante das vicissitudes das paixões terrenas, é pleno. Não encontra barreiras, nem a distância, nem o tempo. Nada o entibia porque as almas se unem pelo mais puro desvelo. Sonhos de ventura, momentos de pura beleza são vivenciados por essas almas. Nenhum sentimento na Terra se compara a esse amor! Bem sei que haverá um momento em que teremos de reencarnar para dar prosseguimento à nossa evolução. Mas isso não nos atormenta porque o nosso amor resistirá a essas injunções. Dia virá que nos será permitido viver a eternidade no nosso amor juntamente com outras almas de mesma sintonia, ligados em inefáveis sentimentos de amor e paz. Trabalhamos e vivemos à espera desses dias.

No dia seguinte e nos que a esse sucederam, continuamos dedicados ao trabalho a que nos propusemos. Momentos de alegria, de dor, casos que nos emocionavam as fibras mais íntimas da alma nos eram apresentados. Os Espíritos da enfermaria sempre nos saudavam com alegria, pois as lições do Evangelho sempre lhes traziam conforto.

Um caso interessante e que muito nos comoveu foi o de uma jovem de nome Blanca. Sempre que chegávamos para a oração costumeira e a leitura e comentários das páginas do Evangelho, a jovem fingia dormir, embora percebêssemos que ela se encontrava em estado de completa vigília. Havia de sua parte uma completa rejeição ao trabalho de evangelização.

Um dia, eu resolvi conversar com ela e indagar-lhe por que as lições que a tantos aliviavam, para ela eram motivo de desagrado. Fizemos-lhe tal questionamento e a resposta que nos foi dada surpreendeu-me. Disse ela:

- Foi por conta do Evangelho que eu me precipitei no mundo das drogas!

Havia tanta dor e revolta em suas palavras que o seu drama me foi mostrado em cenas vivas:

Vimo-la ainda criança, na cidade de Salamanca, seguindo com outras meninas de cerca de 10 a 12 anos de idade para as aulas de catecismo. Lá se encontrava o padre Alfonso, que falava para aquelas crianças sobre os horrores do inferno, amedrontava-as com cenas terríveis de demônios com enormes tridentes torturando as almas que queimavam em grandes caldeirões, sem, entretanto, se consumirem no fogo. Depois, ordenava que cada menina se confessasse em sala contígua, onde lhes ultrajava a inocência e a pureza, satisfazendo os seus mais baixos instintos. A menina Blanca, após muito sofrimento, contou à mãe o que ocorria nas aulas de catecismo. A mãe, porém, não acreditou em suas palavras e ainda lhe aplicou uma terrível sova, declarando que ela era uma pequena devassa, que certamente estava possuída por algum espírito imundo. Levou a menina diante do padre Alfonso para que lhe pedisse perdão por tamanha calúnia. O padre, por sua vez, declarou que a menina precisava de tratamento mais frequente e ordenou que, diariamente, fosse levada à Igreja para se confessar e receber exorcismo para tais pendores. Os abusos passaram a ser diários, cada vez mais terríveis e inconfessáveis. E a jovem foi se tornando revoltada, mais problemas causava na escola e na família, sendo considerada possuída e louca. Tais fatos aconteceram nos finais dos anos 1960, quando surgiu a moda hippie.

Certo dia, quando tinha 16 anos, Blanca conheceu uma jovem do movimento hippie com a qual muito simpatizou. Maica era o seu nome. Tornaram-se amigas. Blanca passou a frequentar o grupo de amigos da sua nova amiga e a frequentar as festas movidas a drogas e ao rock. Começou usando o haxixe, a mescalina e depois o LSD. Em processo de alucinação, efeito comum de tal droga, Blanca pulou de um carro que seguia em alta velocidade, tendo morte instantânea. Essa era a razão pela qual a jovem não suportava as lições do Evangelho, elas a remetiam a um passado que ela detestava. O padre Alfonso ainda se encontra vivo, mas longe das paróquias. Seus crimes haviam sido descobertos pela Igreja, mas não foram revelados à sociedade. Ele apenas havia sido afastado da função de padre para exercer função burocrática dentro da diocese.

Ao ver a dor e a revolta daquela jovem, eu a convidei a raciocinar:

- Quem de fato a agrediu, o Evangelho ou o padre?

- O padre, é claro! – ela respondeu.

Então lhe falei dos falsos profetas, dos quais o próprio Jesus havia nos falado. Contei-lhe a história de Jesus, a sua atitude diante da mulher adúltera, o seu amor e respeito a Maria de Magdala, perdida na prostituição e que era acompanhada de vários Espíritos obsessores; o cuidado do Mestre com a mulher samaritana, que havia lhe dado água no poço da Samaria. Jesus amava e respeitava as mulheres, tinha por elas carinho especial. Era preciso que ela aprendesse a ver Jesus com outros olhos. Falei-lhe da continuidade da vida, da lei de causa e efeito, segundo a qual cada um colherá os frutos pelo bem e o mal que haja praticado, e que o padre Alfonso estava incurso nessa lei e também responderia diante do Criador por suas ações, porém, não nos cabia julgá-lo, pois ninguém sabe por que razão alguns carregam o inferno dentro de si e as suas dores consequentes.

Era preciso que Blanca começasse a trabalhar o perdão. É claro que esse seria um longo processo, mas, para o seu próprio bem, a fim de que ela pudesse se recuperar e encontrar a paz. Jesus a convidava a conhecer o perdão e se libertar das amarras de sofrimento do ódio, enovelando-se nos suaves laços do amor. Deixei a jovem Blanca entregue a seus pensamentos. Era preciso que ela refletisse sobre o assunto. A semente fora plantada, agora só restava esperar que caísse em solo fértil e germinasse.

A partir daquele dia, a atitude de Blanca se modificou, passando a prestar atenção nas pregações do Evangelho. Pouco tempo depois, já tinha condições de viver na pequena vila de chalés e de realizar pequenos trabalhos.

Outro caso que também nos comoveu foi o de um jovem resgatado do porão em condições miseráveis. O corpo perispiritual portava grandes deformações. Era um leproso da modernidade. Ao acessarmos o seu conteúdo mental, observamos uma triste história de abandono.

Filho de família muito rica, residente no Rio de Janeiro, o rapaz, que aqui chamaremos de Alfredinho, filho único, foi criado com todo conforto material. Possuía os mais caros brinquedos; todavia, não contava com a presença dos pais. Declarando-se muito atarefados com o trabalho, o pai, próspero industrial e a mãe, advogada bem sucedida, não dedicavam nenhum espaço dos seus dias para dar afeto à criança.

O menino foi crescendo com sérios problemas emocionais. Sentia um enorme vazio dentro de si, não conseguia expressar suas emoções, nada o alegrava ou lhe dava prazer. Na escola, não conseguia se relacionar com nenhum colega. Era muito inteligente, e seu desempenho nas provas era motivo de elogio por parte dos professores e de inveja por parte dos colegas. Vivia isolado. Sofria calado, sem conseguir dar voz ao que lhe trazia tanta dor. Na verdade, nem ele mesmo sabia.

Começou a beber aos 16 anos. O álcool o deixava relaxado. Bebia escondido dos pais e dos criados contratados para cuidarem dele. Ao completar 18 anos, ganhou do pai um belo carro de luxo e passou a ser assediado por jovens que se aproximavam dele para usufruir do luxo que ele proporcionava aos amigos. Por não se sentir amado, Alfredinho acreditava que enchendo os amigos de presentes, pagando todas as contas das noitadas em boates, seria amado e aceito. Tornou-se popular entre as garotas, tinha várias namoradas. Seu comportamento mudou por completo. Agora ele se sentia importante, pois podia comprar tudo. O vazio no peito, todavia, permanecia.

Em certa noitada, um dos companheiros de desatino lhe ofereceu cocaína. Ele cheirou aquele pó alvíssimo e sentiu-se muito bem! Ah, o vazio desaparecera! Mas o prazer durou pouco e logo a dor voltou ainda mais profunda. Ele precisava cheirar mais e mais aquele pó que amortecia a sua dor. Passou a gastar todo o seu dinheiro para comprar aquela mágica substância que fazia o seu sofrimento passar, mesmo que momentaneamente.

Conheceu em seguida o crack, uma pedra marrom que era fumada em um cachimbo de vidro. Essa era ainda mais forte do que a cocaína e mais barata, já que o seu dinheiro estava sendo todo transformado em pó. A sua vida agora se resumia a consumir cocaína, crack e álcool.

Quando os pais se deram conta da situação, ficaram desesperados, levaram-no a internação em clínicas de desintoxicação, até mesmo fora do país. Mas de nada adiantava. Ele não queria parar de fumar, de cheirar, de beber. Ele só queria acabar com aquele vazio dentro do peito.

Certa vez, ao receber alta de uma dessas clínicas, Alfredinho foi direto ao Morro Santa Marta e deixou com o traficante o seu relógio suíço, os seus sapatos de couro alemão, os óculos escuros e a camisa de grife, em troca de algumas carreiras de cocaína e de umas pedras de crack e um cachimbo. Ao sair do morro, ele foi para o Pontal e lá cheirou e fumou toda cocaína e crack que havia comprado, acompanhado de uma garrafa de vodca barata. O resultado foi uma brutal intoxicação por uma substância formada pela combinação do álcool com a cocaína, denominada cocaetileno, que provocou uma parada cardiorrespiratória e a desencarnação.

Alfredinho chegou ao porão em estado lamentável. Por não se perceber em outro plano, a sua mente criava grandes quantidades de uma substância branca que ele cheirava o tempo todo, mas que não surtia nenhum efeito e cada vez maiores quantidades ele cheirava até chegar ao desespero, à loucura total. Entidades sofredoras que lá também se encontravam a ele se uniam, buscando se injetar, cheirar, fumar, sem que o desejo da droga fosse saciado. Ficavam violentos, agrediam uns aos outros, caiam de cansaço, extenuados, sentindo a falta da substância que viciara o próprio perispírito. Não conseguiam perceber a presença dos amigos espirituais socorristas que o tempo inteiro buscavam socorrê-los.

Depois de muito sofrimento, Alfredinho chegou ao estado de inconsciência total. O perispírito inteiramente deformado mais se assemelhava a um esqueleto. Em estado de inconsciência ele foi resgatado, juntamente com outros infelizes, e trazido para a unidade de terapia intensiva. Um longo tratamento que incluiu várias intervenções cirúrgicas no perispírito, tratamento de passes e até mesmo – pasmem os leitores – o uso de substância semelhante à cocaína, começando com doses grandes que vão sendo diminuídas, em um processo de desmame, a fim de curar as crises de abstinência, foi utilizado.

Encontramos Alfredinho nesse estado e fomos convocados por Beatriz, que respondia pelo setor da terapia intensiva, para aplicar-lhe passes e fazer leituras de O Evangelho Segundo o Espiritismo à sua cabeceira, principalmente o capítulo XIV, de título "Honrai a Vosso Pai e a Vossa Mãe". Apesar do aparente estado de inconsciência, as lições eram captadas pelo corpo mental e lhe traziam algum benefício.

Alfredinho deveria ser brevemente encaminhado para uma nova experiência na carne. Os Espíritos trabalhadores do departamento de reencarnação já procuravam um casal de abnegados pais que aceitassem receber uma criança que viria com sérios problemas mentais, provavelmente uma paralisia cerebral de ordem muito severa.

Esses são exemplos de tristes casos que diariamente recebemos na Casa de Lázaro. Multidões de almas doentes, deformadas, tristonhas, que buscam nas drogas preencher o vazio, a falta de valores morais, as tristezas e sofrimentos. Mas não temos apenas tristezas a contar! Há muitas histórias de superação, de reerguimento moral e retomada de vida rumo à felicidade! Uma dessas histórias é-me particularmente inesquecível.

No desempenho das minhas tarefas, havia as periódicas visitas ao porão. Lá também procurávamos levar as luzes do Evangelho. Ao retornar da América e retomar as minhas tarefas, chegara o dia de visitar aquela ala de tanto sofrimento. Seguiríamos em caravana para resgatar aqueles que tivessem condições de sair daquela região. Logo ao amanhecer, reunimo-nos em frente ao grande portão da ala. Para a minha alegria, o querido amigo Ahmed chefiava a caravana. Era sempre uma alegria encontrá-lo. Eu nutria por ele um sentimento filial. Posteriormente, ao comentar esse meu sentimento com Elvira, ela respondeu-me:

- Pois então não sabes que Ahmed foi teu pai na experiência vivida em Roma? Sim, era ele o imperador Caio Méssio Quinto Décio! Pelos erros que cometera, rogou à espiritualidade que pudesse voltar à Terra em condições de humildade e solidão; que pudesse guiar para o bem e a felicidade aqueles a quem desencaminhara e perseguira. Nada é por acaso, meu filho - revelou-me Elvira.

Contou-me ainda, que como não havia amor entre eles, pois o casamento fora realizado para atender às conveniências do poder, no mundo espiritual o compromisso não existia. Daí o fato de ele não viver na nossa domus.

Ahmed havia evoluído muito como espírito e seguia a sua tarefa de caravaneiro do bem, resgatando as almas dos charcos umbralinos. Eu fiquei muito feliz em reencontrar aquele que havia sido meu pai, agora um grande amigo, trabalhando humildemente na seara do Cristo.

Voltando ao porão, após reunir todo grupo de socorristas, adentramos aquela região. O ambiente visualmente estava modificado, não lembrava em nada a vila pobre do leprosário. Agora tinha o aspecto de uma cidade em ruínas. Casas e prédios abandonados, paredes cinzentas, sujas de fuligem, automóveis velhos, quebrados. O cenário era aterrador.

Sem perda de tempo, fizemos uma prece. A luz que de nós emanava, por conta da prece, afugentava as entidades mais audaciosas e violentas, que fugiam aos berros, gritando imprecações, desaforos e palavrões. Começamos a nossa pregação com a Parábola do Filho Pródigo, contida no Evangelho de São Lucas, capítulo 15, versículos de 11 a 32. Deixando que a emoção e a intuição tomassem conta do nosso Espírito, dissemos:

- Meus irmãos, somos todos filhos pródigos. Abandonamos o divino amor, deixamos de lado o dever de nos educar moralmente, que nos ajudaria a compreender a razão dos nossos sofrimentos. Rebelamo-nos contra a dor e buscamos a fuga no amortecimento dos nossos sentidos através do uso das drogas, delas nos tornando escravos. Tal qual o filho pródigo da parábola, chegamos ao fundo do poço, à miséria moral. Mas, creiam, não estamos abandonados! Deus é um pai misericordioso e justo e não abandona nenhum dos seus filhos. É chegada a hora do retorno aos braços do Pai, para usufruir do seu amor e da sua misericórdia. Se estais cansados de sofrer, por que não retornar? Por que não aceitar o convite de Jesus? Aqui estamos em nome d'Ele, para o socorro de todos os que desejem a verdadeira cura, que é o reerguimento da alma através do trabalho e do amor. É preciso, entretanto, a vontade firme de se curar, o esforço próprio de cada um. Assim como o filho pródigo trilhou de volta o caminho até a casa do pai, com humildade e coragem, esse deve ser o proceder de cada um, compreender e ter consciência da dimensão dos seus débitos e com coragem querer resgatá-los, buscar a cura da alma, com humildade, sinceridade e fé. Assim como o pai recebeu, com uma grande festa, o filho que considerava perdido, Deus, que é amor e bondade, os aguarda, para a festa da sua redenção espiritual. Não percam mais tempo! Aceitem o convite e juntem-se a nós!

No fim do nosso discurso, muitas entidades em prantos vieram até nós e foram atendidas. Outras ameaçavam nos agredir e nos deram as costas, dizendo que ninguém os impediria de continuar a usar as drogas, que estavam satisfeitos com aquele modo de vida e o que falávamos era pura balela. Para estes, ainda não havia chegado o tempo de despertar.

Saímos do porão levando alguns irmãos e irmãs debilitados, em farrapos, para serem tratados. Voltaríamos outras vezes, pois o trabalho da misericórdia é incansável.

XVII - A Vitória de Agustin

Tantos séculos haviam se passado desde quando conseguíramos resgatar Agustin do porão. Desde então, eu não havia tido mais nenhuma notícia a respeito dele. Outras tarefas e interesses desviaram a minha atenção quanto ao destino daquele antigo adversário.

Certo dia, porém, em trabalho de resgate de espíritos nas zonas mais profundas do porão, qual não foi a minha surpresa ao encontrar Agustin entre os abnegados socorristas que carregam em macas aqueles irmãos mais necessitados de auxílio. Não me aproximei de imediato, fiquei observando-o. Parecia outra pessoa, ali se encontrava um trabalhador piedoso, que acolhia com carinho e cuidado aqueles pobres doentes em total estado de loucura: sujos, maltrapilhos, tresandando terríveis odores. Alguns eram agressivos; em seus acessos, investiam contra os socorristas que, pacientemente, suportavam as agressões verbais e mesmo físicas. O antigo algoz da Casa de Lázaro a todos auxiliava, sem cansaço e com humildade.

Resolvi, por fim, me aproximar. Apareci diante dele e não consegui falar nada, apenas sorri emocionado e, para minha surpresa e alegria, Agustin abraçou-me, e com sincera afeição. Ficamos ali abraçados, chorando de emoção. Ali estavam duas almas que conseguiram vencer o ódio do passado e se perdoarem mutuamente. Depois de passada a emoção do encontro, sentamo-nos e conversamos quais dois amigos que há muito não se viam.

Contou-me ele que após sair do porão, doente e enlouquecido, ficara sob o cuidado pessoal de Elvira, que tudo promoveu para o seu restabelecimento. A sua esposa e filhas também ficaram ao seu lado. Aos poucos, ele foi se recuperando. Quando conseguiu voltar à lucidez, foi convidado por Elvira a fazer um retrospecto das suas vidas passadas. Nesse processo, ele percebeu não ser a vítima qual pensara. Afinal, ele também abandonara a sua família e por ela fora perdoado. Ele também soube que eu dedicara 170 anos de trabalho resgatando todos aqueles a quem tinha prejudicado, inclusive ele. Contou-lhe do meu sacrifício em permanecer ao seu lado até o dia do seu resgate. Agustin percebeu que eu cumprira a minha parte na redenção daquelas faltas. Assim, percebeu que ele também deveria fazer algo para se redimir dos males que havia causado e rogou a Elvira que, quando estivesse recuperado, pudesse trabalhar resgatando as almas infelizes do porão. Então, logo que teve condições, voltou àquele lugar, sob o comando de Ahmed, e dedicou-se com toda humildade à tarefa. Agora que nos reencontráramos, ele se sentia feliz em poder me abraçar como irmão e, juntos, podermos continuar trabalhando para Jesus, a quem ele aprendera a amar.

Aquele encontro com Agustin trouxe-me uma inefável alegria. Agora, enfim, eu me sentia redimido das faltas que cometera na personalidade de Herênio Etrusco. A vitória dele era também minha.

XVIII - O Trabalho Prossegue

O nosso trabalho de socorro às almas envolvidas nessa terrível doença que é a drogadição continua até hoje e a cada dia nos exige mais, pois longe está a época em que a Terra estará livre dessa doença.

A tarefa de socorro na Espiritualidade é hercúlea. A guerra contra as drogas, na Terra, atualmente, é uma batalha árdua e de pouco sucesso, pois a droga rebaixa o ser humano à condição de máxima degradação moral. Violência, prostituição, abandono fazem parte desse mundo e arrastam as suas vítimas a um caminho sem retorno.

Traficantes e viciados aportam na vida espiritual em condições de terrível miserabilidade. Vítimas da ganância de poucos, todo aquele que entra no mundo das drogas, seja como traficante ou consumidor, compromete-se dolorosamente diante da Lei Divina. Obsessões de longa duração, em alguns casos tão violentas que o afastamento do obsessor pode levar à morte o seu comparsa no vício devido à simbiose perfeita de vibrações entre ambos. Casos dolorosos de vampirismo, lamentáveis estados de loucura e perseguição dos espíritos viciados aos que traficavam.

Por outro lado, no plano material, a educação do homem ocidental, calcada no imediatismo dos prazeres, na visão hedonista e mecanicista da vida, termina por exaurir a todos os que se entregam a buscar completude e felicidade nas coisas materiais e nos prazeres físicos. Tal comportamento desregrado termina por trazer consequências emocionais, que derivam para doenças emocionais, transtornos bipolares, depressões, esquizofrenias, síndrome do pânico, tudo causado pela exaustão do espírito, que leva ao desequilíbrio dos centros de força. Tal desequilíbrio atua diretamente na química cerebral, desorientando aquelas células que passam a realizar as sinapses cerebrais de maneira incompleta, sem a participação de muitas substâncias tais como a dopamina, noradrenalina, serotonina, responsáveis pelo equilíbrio mental. Tais comportamentos e angústias são portas abertas para o vício, pois se usa a droga tentando suprir as dores da alma, que gritam silenciosas nas mentes frágeis e de pouca fé.

O que fazer para combater esse mal? Quais caminhos tomar? De que forma cada um de nós pode ajudar na extinção desse mal?

Até hoje, o combate às drogas tem sido feito através de uma política de repressão pela violência. Sofrem as suas consequências os viciados nas diversas internações nas clínicas de desintoxicação, em que as drogas ilícitas são substituídas pelas drogas lícitas, compradas com receituários nas farmácias, mas que, assim como as drogas ilícitas, não aliviam as dores das suas almas. Sofrem também os traficantes nas guerras entre facções e com a polícia numa violência sem limites. Sofrem os meninos e meninas, cada vez mais jovens, que são aliciados pelo tráfico a serem colaboradores na distribuição da droga ou como informantes, e tal situação os leva à morte prematura nessa guerra sangrenta. A violência nunca será a solução para tal problemática.

"Eu sou o caminho da Verdade e da Vida, ninguém vem ao Pai senão por mim", ensinou Jesus. A cura e solução para essa guerra só será encontrada quando compreendermos essa afirmação do Cristo e seguirmos o seu exemplo. Somente através da evangelização da criança, do jovem e do adulto será possível que a paz se instale definitivamente.

Evangelho como prevenção, aos pequeninos e aos jovens, aos adultos e idosos, é vacina poderosa contra as forças das trevas. Evangelho como tratamento para aquele que delinquiu é garantia de recuperação moral.

Ah, se todos os homens pudessem entender que a morte física não resolve os problemas da alma! Continuamos vivos, com todos os vícios e virtudes que carregamos, responsáveis, ainda, por todo bem e todo mal que fizemos. A ignorância do que seja a vida pós-morte leva-nos a acreditá-la algo tão surreal e tão distante, que achamos que nunca acontecerá conosco, embora vejamos nascer e morrer pessoas todos os dias. Pela incompreensão do que seja a vida espiritual, apresentada de forma tão fantasiosa pelas igrejas, onde anjos tocam harpas ou onde existem ruas de ouro e, de outro lado, a ideia de uma condenação perpétua para aqueles que morrem em pecado, em nada auxilia o homem a buscar a sua reforma moral. É preciso que se compreenda que não é pelo temor que se educa, mas pelo amor e compreensão.

A drogadição é uma das consequências perversas da educação materialista, e o caminho para a cura desse mal não é outro senão a educação pelo amor. Só o amor, essa divina energia, é capaz de trazer a luz curadora que iluminará as almas sedentas, curando-as. O Evangelho é o divino repositório desse amor. O estudo profundo das suas lições e, sobretudo, a sua prática, é o único caminho capaz de nos livrar desse mal.

O mundo moderno anda carente de religião. Temos muitos templos, mas pouca religião. Fala-se muito de um Deus poderoso, que é capaz de nos trazer a prosperidade, o poder, o sucesso. Todavia, pouco se conhece sobre o Deus misericordioso, o Deus Pai, que Jesus nos ensinou a amar. Pouco se fala sobre a necessidade da humildade, da afabilidade, do perdão, da fé atuante e raciocinada.

Os templos andam cheios de pessoas, mas vazios de amor. É preciso que o Evangelho saia das páginas bíblicas, vá além do ensino espírita, ultrapasse os portões dos templos religiosos e penetre os lares, os corações. É urgente que ele se faça luz viva em nossa alma e não apenas palavra morta, admirada e colocada como algo inatingível, impraticável. O amor é para ser vivido em espírito e verdade, nos ensina o Cristo. E é a vivência desse amor que há de curar o espírito e libertá-lo dos vícios, das guerras, da violência e da ignorância.

Amai! Eu vos peço! Ide além do que vos pede a justiça dos homens! Amai ao próximo como a vós mesmos! Essa é a maior rogativa e o melhor conselho que o Cristo poderia ter nos legado. Amai hoje, para não terdes de chorar amanhã, é o que vos aconselho também. Só o amor salvará a Humanidade!

Aqui se encerra parte da minha tarefa. Entrego-vos essa história, um humilde relato das minhas dores e lutas, como um apelo e um pedido de socorro para os nossos irmãos que sucumbiram na loucura do vício. Cuidemos dos leprosos da alma, pois é nosso dever fazê-lo como irmãos em Cristo. Jamais os desprezemos ou julguemos! Que saibamos ser para estes o samaritano que, de passagem, encontra caído aquele homem que descia de Jerusalém a Jericó e, tendo sido atacado por malfeitores, surrado e roubado, ficou à mercê da misericórdia humana. Diferente do sacerdote e do levita, que tiveram a oportunidade de socorrê-lo, porém optaram por passar ao largo, o samaritano não lhe perguntou o nome, nem a nacionalidade, nem a religião, tampouco procurou saber de suas posses. Este o amparou, tratou de suas feridas, levou-o no lombo da sua montaria e, pagando adiantado, deixou-o em estalagem pedindo ao estalajadeiro que cuidasse das suas necessidades, até que ele voltasse. Tomemos essa parábola contada por Jesus àquele doutor da lei que lhe perguntara o que fazer para ter a vida eterna como lição de demonstração do amor maior.

A Espiritualidade tem trabalhado incessante e amorosamente em favor desses irmãos, os leprosos da modernidade, e precisa do auxílio dos que estão na carne na prevenção e combate desse mal através da terapia do amor.

Eis o convite, eis a tarefa! Não fiqueis indiferentes a ele, pois nunca sabemos se, no futuro, não sejamos nós a precisar da misericórdia de um samaritano para nos auxiliar a curar as chagas da nossa própria alma.

Que Jesus nos abençoe o esforço e tenha piedade de todos nós!